"五个必由之路"

任初轩 编

人民日报出版社
北京

图书在版编目（CIP）数据

"五个必由之路" / 任初轩编. — 北京：人民日报出版社，2022.4

ISBN 978-7-5115-7315-5

Ⅰ.①五… Ⅱ.①任… Ⅲ.①中国特色社会主义－社会主义建设模式－研究 Ⅳ.①D616

中国版本图书馆 CIP 数据核字（2022）第 053297 号

书　　名："五个必由之路"
　　　　　"WUGE BIYOUZHILU"
作　　者：任初轩
出 版 人：刘华新
策 划 人：欧阳辉
责任编辑：曹　腾　季　玮
版式设计：九章文化

出版发行：人民日报出版社
社　　址：北京金台西路 2 号
邮政编码：100733
发行热线：（010）65369527　65369846　65369509　65369510
邮购热线：（010）65369530　65363527
编辑热线：（010）65369523
网　　址：www.peopledailypress.com
经　　销：新华书店
印　　刷：大厂回族自治县彩虹印刷有限公司
法律顾问：北京科宇律师事务所　010-83622312

开　　本：710mm×1000mm　1/16
字　　数：148 千字
印　　张：14.5
版次印次：2022 年 5 月第 1 版　2022 年 5 月第 1 次印刷
书　　号：ISBN 978-7-5115-7315-5
定　　价：48.00 元

代 序

更加坚定走"必由之路"的自信

坚持党的全面领导是坚持和发展中国特色社会主义的必由之路；中国特色社会主义是实现中华民族伟大复兴的必由之路；团结奋斗是中国人民创造历史伟业的必由之路；贯彻新发展理念是新时代我国发展壮大的必由之路；全面从严治党是党永葆生机活力、走好新的赶考之路的必由之路。

在参加十三届全国人大五次会议内蒙古代表团审议时，习近平总书记回顾新时代党和人民奋进历程，高度概括了这一历程中形成的"五个必由之路"重要认识。高瞻远瞩的眼光、深邃缜密的思考、掷地有声的判断，充分展现了习近平总书记作为马克思主义政治家、思想家、战略家的非凡理论勇气、卓越政治智慧、强烈使命担当，引发与会代表广泛共鸣，激励着全党全军全国各族人民奋进新征程、建功新时代，继续把中华民族伟大复兴的历史伟业推向前进。

沧海横流，方显英雄本色；乘风破浪，更知壮志凌云。党的十八大以来这些年在党和国家事业发展进程中极不寻常、极不平

"五个必由之路"

凡。党面临形势环境的复杂性和严峻性、肩负任务的繁重性和艰巨性世所罕见、史所罕见。从打赢脱贫攻坚战到全面建成小康社会，从全面深化改革"啃硬骨头"到推动高质量发展，从"打虎""拍蝇""猎狐"到科技整体水平大幅提升，从在全球率先控制住新冠肺炎疫情到为世界奉献一届精彩、非凡、卓越的冬奥盛会，从提出"一带一路"倡议到推动构建人类命运共同体……以习近平同志为核心的党中央出台一系列重大方针政策，推出一系列重大举措，推进一系列重大工作，战胜一系列重大风险挑战，解决了许多长期想解决而没有解决的难题，办成了许多过去想办而没有办成的大事，推动党和国家事业取得历史性成就、发生历史性变革，实现中华民族伟大复兴进入了不可逆转的历史进程。

伟大思想引领伟大事业，实践创新推动理论创新。习近平总书记高度概括的"五个必由之路"，是历史实践的产物、历史奋斗的结晶、历史规律的深刻揭示，是一系列原创性治国理政新理念新思想新战略的深刻总结，是我们在新征程上把握历史主动、夺取新的胜利的重要遵循。历史和现实都让我们更加深刻认识到，只要坚定不移坚持党的全面领导、维护党中央权威和集中统一领导，我们就一定能够确保全党全国拥有团结奋斗的强大政治凝聚力、发展自信心，集聚起守正创新、共克时艰的强大力量，形成风雨来袭时全体人民最可靠的主心骨；只要始终不渝走中国特色社会主义道路，我们就一定能够不断实现人民对美好生活的向往，不断推进全体人民共同富裕；只要在党的领导下全国各族人民团结一心、众志成城，敢于斗争、善于斗争，我们就一定能够战胜前进道路上的一切困难挑战，继续创造令人刮目相看的新的奇迹；只要完整、准确、全面贯彻新发展理念，加快构建新发展格局，推动高质量发展，加快实现科技自立自强，我们就一定能够不断提高我国发展的竞争力和持续力，在日趋激烈的国际竞争中把握主动、赢得未来；只要大力弘扬伟大建党精神，不忘初心使命，勇于自我革命，不断清除一切损害党的先进性和纯洁性的有害因素，不断清除一切侵蚀党的健康肌体的病原体，我们就一定能够确保党不变质、不变色、不变味。

循大道，至万里。今天，我们比历史上任何时期都更接近、更有信心和能力实现中华民族伟大复兴的目标，同时必须准备付出更为艰巨、更为艰苦的努力。新的赶考之路上，脚踏中华大地，传承中华文明，走符合中国国情的正确道路，我们具有无比广阔的发展舞台，具有无比深厚的历史底蕴，具有无比强大的前进定力。在以习近平同志为核心的党中央坚强领导下，坚持以习近平新时代中国特色社会主义思想为指导，全面贯彻党的基本理论、基本路线、基本方略，坚定志不改、道不变的决心，保持战略定力和耐心，更加坚定走"必由之路"的自信，坚定不移做好自己的事情，昂首阔步向前进，我们一定能牢牢把中国发展进步的命运掌握在自己手中。

浩渺行无极，扬帆但信风。2021年，我国国内生产总值达到114万亿元、稳居世界第二，比上年增长8.1%、经济增速在全球主要经济体中名列前茅，实现"十四五"良好开局。时与势在我们这边，我们信心十足、力量十足。让我们更加紧密地团结在以习近平

"五个必由之路"

同志为核心的党中央周围,深刻领会"两个确立"的决定性意义,增强"四个意识"、坚定"四个自信"、做到"两个维护",踔厉奋发、笃行不怠,顽强拼搏、不懈奋斗,以实际行动迎接党的二十大胜利召开,在新时代新征程上赢得更加伟大的胜利和荣光。

目 录

第一编

走好必由之路，夺取新的更大胜利 / 002

"五个必由之路"是新时代伟大飞跃的成功之路　颜晓峰 / 005

"五个必由之路"揭示中国答卷的成功密码　董振华 / 015

"五个必由之路"：新时代中国的"成功密码"　肖贵清 / 019

★拓展阅读★

新时代我国发展壮大的必由之路　葛　莉　赵　灿 / 026

第二编

坚持党的全面领导是坚持和发展中国特色社会主义的必由之路 / 032

坚持党的全面领导　江金权 / 036

坚持党的全面领导是历史和人民的选择　王均伟 / 044

坚持党的全面领导不动摇　中央组织部党建研究所 / 051

坚持党的全面领导是坚持和发展中国特色社会主义的必由之路
　　张占斌 / 063

★ 拓展阅读 ★

坚持党的全面领导，走好必由之路　兰琳宗 / 068

第三编

中国特色社会主义是实现中华民族伟大复兴的必由之路 / 074

明确坚持和发展中国特色社会主义的总任务
　　中共国务院发展研究中心党组 / 078

为新时代中国特色社会主义事业布新局　王伟光 / 085

推动中国特色社会主义道路越走越宽广　孙存良 / 092

中国特色社会主义是实现中华民族伟大复兴的必由之路　樊鹏 / 102

★ 拓展阅读 ★

坚持中国特色社会主义，走好必由之路　李鹃 / 106

第四编

团结奋斗是中国人民创造历史伟业的必由之路 / 110
为凝聚团结奋斗之力担当作为　赵　凡 / 113
靠团结奋斗开辟美好未来　段林萍 / 120
团结奋斗：中国共产党和中国人民最显著的精神标识
　王　强　李振东 / 123
团结奋斗是中国人民创造历史伟业的必由之路　唐　斌 / 130
增进团结统一　祝灵君 / 134

★ 拓展阅读 ★

坚持团结奋斗，走好必由之路　兰琳宗 / 140

第五编

贯彻新发展理念是新时代我国发展壮大的必由之路 / 146
深入贯彻新发展理念　加快构建新发展格局
　国家发展和改革委员会 / 150
在贯彻新发展理念构建新发展格局中展现新作为　刘元春 / 159

贯彻新发展理念是新时代我国发展壮大的必由之路　崔唯航 / 162

全面认识和贯彻新发展理念　邱海平 / 166

★拓展阅读★

坚持贯彻新发展理念，走好必由之路　李　鹃 / 180

第六编

全面从严治党是党永葆生机活力、走好新的赶考之路的必由之路 / 184

全面从严治党何以成效卓著　谢春涛 / 188

增强全面从严治党永远在路上的政治自觉　刘志明 / 195

深刻认识全面从严治党的重大意义　戴焰军 / 202

以全面从严治党开启"赶考"新征程　史守林　张洪玮 / 210

★拓展阅读★

坚持全面从严治党，走好必由之路　李　鹃 / 218

第一编

坚持党的全面领导是坚持和发展中国特色社会主义的必由之路；中国特色社会主义是实现中华民族伟大复兴的必由之路；团结奋斗是中国人民创造历史伟业的必由之路；贯彻新发展理念是新时代我国发展壮大的必由之路；全面从严治党是党永葆生机活力、走好新的赶考之路的必由之路。

走好必由之路，夺取新的更大胜利

"坚持党的全面领导是坚持和发展中国特色社会主义的必由之路""中国特色社会主义是实现中华民族伟大复兴的必由之路""团结奋斗是中国人民创造历史伟业的必由之路""贯彻新发展理念是新时代我国发展壮大的必由之路""全面从严治党是党永葆生机活力、走好新的赶考之路的必由之路"。3月5日，习近平总书记在参加内蒙古代表团审议时发表重要讲话，深刻总结新时代党和人民奋进历程给予我们的深刻启示。这五点重要认识环环相扣，明确了迈向伟大复兴的领导核心、发展道路、力量之源、引领理念、强大支撑，是坚持系统观念的又一次生动诠释。

善弈者谋势，善谋者致远。坚持系统观念，发展地而不是静止地、全面地而不是片面地、成体系地而不是零散地、普遍关联地而不是单一孤立地观察事物和把握问题，是唯物辩证法的内在要求，也是中国共产党人不断从胜利走向胜利的重要认识论和方法论。

党的十八大以来，以习近平同志为核心的党中央举旗定向、把舵领航、统筹推进党和国家各项事业，带领全党全国各族人民取得了历史性成就，党和国家事业发生了历史性变革。在这个过程中，系统观念是具有基础性的思想和工作方法。因此，党的十九届五中全会将其列入"十四五"经济社会发展必须遵循的重要原则，去年底召开的中央经济工作会议视其为进一步积累的对做好经济工作的规律性认识。

立足新发展阶段，开启全面建设社会主义现代化国家新征程，我们扬帆再出发。实现既是重点也是难点的"全面"二字，用好系统观念十分关键。

一方面，社会主义现代化建设是一个由诸多领域、诸多环节、诸多层面构成的大系统工程，需要解决的问题会越来越多样、越来越复杂。从系统观念出发，统筹推动经济社会各领域发展，才能促进人的全面发展和社会全面进步。另一方面，错综复杂的国际环境带来新矛盾新挑战，我国社会主要矛盾变化带来新特征新要求，发展不平衡不充分问题仍然突出，经济社会发展中很多矛盾问题相互交织，"牵一发而动全身"。这决定了唯有加强前瞻性思考、全局性谋划、战略性布局、整体性推进，方能把发展的主动权牢牢握在我们自己手中。

坚持党的全面领导，就有了战胜一切风险和挑战的最可靠的主心骨；坚持中国道路，就有了创造美好生活的坚定方向；坚持团结奋斗，就有了迎难而上的"中国力量"；坚持贯彻新发展理念，就有了保证有序有力的真理力量；坚持全面从严治党，就有了党保持先进性的显著优势，我们以坚定的系统观念推进实现宏伟目标的必由之路。

我们党是中国特色社会主义事业的领导核心，坚持系统观念也是对党谋划和推进经济社会发展的能力和水平提出了更高的要求。具体而言，要准确识变、科学应变、主动求变，善于用全局眼光观察和分析经济社会问题；凝聚党心军心民心，保持战略定力，发扬斗争精神，做到审大势、观大局、抓大事；要立足新发展阶段、贯彻新发展理念、构建新发展格局，实现经济行稳致远、社会和谐稳定。

明乎认识论，把握方法论，落脚实践论。新征程的进军号嘹亮，广大党员干部锚定远景目标，把"坚持系统观念"贯穿工作全过程，我们就一定能不断攻坚克难，奋力创造新发展阶段发展新奇迹，谱写事业发展新篇章。

"五个必由之路"是新时代伟大飞跃的成功之路

颜晓峰

党的十八大以来,中国特色社会主义进入新时代。以习近平同志为核心的党中央,以伟大的历史主动精神、巨大的政治勇气、强烈的责任担当,统揽伟大斗争、伟大工程、伟大事业、伟大梦想,推动党和国家事业取得历史性成就、发生历史性变革,中华民族迎来了从站起来、富起来到强起来的伟大飞跃。党的第三个历史决议以"开创中国特色社会主义新时代"为题专设一部分,重点总结九年来的原创性思想、变革性实践、突破性进展、标志性成果。伟大成就来之不易,成功之路蕴含其中。习近平总书记在参加十三届全国人大五次会议内蒙古代表团审议时明确提出的"五个必由之路"重要认识,是对党的十九届六中全会精神的深入阐述,进一步深化了对党的百年奋斗重大成就和历史经验的理解领悟,为朝着实现中华民族伟大复兴的宏伟目标继续前进指明了正确方向。

"五个必由之路"彰显了中国特色社会主义新时代的深刻内涵

中国特色社会主义新时代是承前启后、继往开来、在新的历史条件下继续夺取中国特色社会主义伟大胜利的时代,具有许多新的历史特点和时代内涵,这在"五个必由之路"中凝练地展现了出来。

新时代党的全面领导强化实化。党的十八大以来,我们党采取一系列重大措施,纠正了一个时期以来的模糊和错误认识,扭转了一些地方和部门存在的党的领导弱化现象,使党的领导得到全面加强,党中央权威和集中统一领导得到有力保证,全党增强"四个意识"、坚定"四个自信"、做到"两个维护",思想上更加统一、政治上更加团结、行动上更加一致。党的领导作为中国特色社会主义最本质的特征得到充分彰显,党的领导作为中国特色社会主义制度的最大优势得以更大发挥,党作为最高政治领导力量的统领作用实现有效运用。

新时代中国特色社会主义大步迈进。中国特色社会主义是党和人民历经千辛万苦、付出巨大代价取得的根本成就,改革开放以来我们党全部理论和实践的主题是坚持和发展中国特色社会主义。习近平新时代中国特色社会主义思想,深刻回答了新时代坚持和发展什么样的中国特色社会主义、怎样坚持和发展中国特色社会主义等重大时代课题,统筹推进"五位一体"总体布局,协调推进"四个全面"战略布局,引领新时代中国特色社会主义乘风破浪、扬帆远航，在全面建成小康社会的基础上开启了全面建设社会主义现代化国家新征程。

新时代党和人民团结奋斗蓬勃向上。中国特色社会主义新时代是全国各族人民团结奋斗、不断创造美好生活、逐步实现全体人民共同富裕的时代，是全体中华儿女勠力同心、奋力实现中华民族伟大复兴中国梦的时代。党中央动员全党全国全社会力量，上下同心、尽锐出战，打赢脱贫攻坚战，创造了人类减贫史上的奇迹；开展抗击新冠肺炎疫情人民战争、总体战、阻击战，众志成城、命运与共，举全国之力实施规模空前的生命大救援，抗疫斗争取得重大战略成果。

新时代贯彻新发展理念成果卓著。改革开放以后，我国创造出经济快速发展奇迹，同时发展不平衡、不协调、不可持续问题十分突出。党的十八大以来，我国经济发展由高速增长阶段转向高质量发展阶段，推动了贯彻新发展理念这场关系我国发展全局的深刻变革，实现创新成为第一动力、协调成为内生特点、绿色成为普遍形态、开放成为必由之路、共享成为根本目的的高质量发展，我国经济迈上更高质量、更有效率、更加公平、更可持续、更为安全的发展之路。

新时代全面从严治党力度空前。改革开放以后，党的建设取得明显成效，同时"七个有之"问题严重影响党的形象和威信，严重损害党群干群关系。以习近平同志为核心的党中央把全面从严治党贯穿于党的建设各个方面，推动党的建设全面进步，筑牢信仰之基、

"五个必由之路"

补足精神之钙、把稳思想之舵,强化政治纪律和组织纪律,形成比较完善的党内法规体系,管党治党宽松软状况得到根本扭转,反腐败斗争取得压倒性胜利并全面巩固,党在革命性锻造中更加坚强。

"五个必由之路"凝结着新时代奋进历程的成功经验

党的第三个历史决议概括了党的百年奋斗具有根本性和长远指导意义的十条历史经验,是经过长期实践积累的宝贵经验。"十个坚持"历史经验,包含着中国特色社会主义新时代形成的宝贵经验和创造的精神财富。"五个必由之路"在此基础上,集中总结新时代党和人民在自信自强、守正创新的奋进历程中得出的最为重要的结论,揭示了新时代创造伟大成就和迎来伟大飞跃的根本原因。

坚持党的全面领导,党总揽全局、协调各方的领导核心作用充分发挥,新时代中国特色社会主义拥有团结奋斗的强大政治凝聚力、发展自信心,集聚起守正创新、共克时艰的强大力量,形成风雨来袭时全体人民最可靠的主心骨。实现坚持和发展中国特色社会主义的总任务,实现两个一百年奋斗目标,坚持党的全面领导是根本政治保证。党在新阶段新征程统筹全社会资源、凝聚全民族力量,化解各类别矛盾、协调各方面利益,保证了党和人民始终想在一起、干在一起,同心协力奔向美好未来。

坚持和发展中国特色社会主义,以中国式现代化推进中华民族伟大复兴,新时代中国特色社会主义不断实现人民对美好生活的向往，不断推进全体人民共同富裕。中国式现代化道路的实质是中国特色社会主义道路，是坚持以人民为中心的现代化。全面建成小康社会，农村贫困人口全部脱贫，满足人民日益增长的美好生活需要，就要进一步落实到扎实推动共同富裕上，而且是人民群众物质生活和精神生活都富裕。这就确保了社会主义现代化建设成果不会成为任何利益集团、任何权势群体、任何特权阶层的"奶酪"，破解了西方以资本为中心的现代化造成的资本集团垄断现代化利益等难题。

团结奋斗，在党的领导下全国各族人民团结一心、众志成城，敢于斗争、善于斗争，新时代中国特色社会主义凝聚起全党全军全国各族人民的意志和力量。新时代伟大成就，不是天上掉下来的，不是别人恩赐的，不是自然而然得来的，而是党和人民同心同德、同心同向努力的结果，是自强不息、奋斗拼搏的结果。复兴大业，惟有团结一心才能战胜前进道路上的一切困难挑战；征途漫漫，惟有不懈奋斗才能继续创造令人刮目相看的伟大奇迹。

贯彻新发展理念，切实解决好发展不平衡不充分的问题，新时代中国经济实力、科技实力、综合国力跃上新台阶。完整、准确、全面贯彻新发展理念，有效应对我国发展面临的空前上升的内外部风险，引导我国经济社会发展取得历史性成就、发生历史性变革。加快构建新发展格局，为把握未来发展主动权作出战略性布局、下好先手棋，增强我国发展的生存力、竞争力、发展力、持续力。推动高质量发展，经济发展实现质量变革、效率变革、动力变革，发展的平衡性、协调性、可持续性明显增强。加快实现科技自立自强，健全新型举国体制，加快建设创新型国家和世界科技强国。这样，我国就能够在日趋激烈的国际竞争中发展壮大、把握主动、赢得未来。

全面从严治党，把党建设成为始终走在时代前列、人民衷心拥护、勇于自我革命、经得起各种风浪考验、朝气蓬勃的马克思主义执政党，党在新时代新征程展现新气象新作为。办好中国的事情，关键在党、关键在全面从严治党。我们党历史这么长、规模这么大、执政这么久，如何跳出治乱兴衰的历史周期率，探索出一条成功路径，这就要大力弘扬伟大建党精神，不忘初心使命，勇于自我革命，不断清除一切损害党的先进性和纯洁性的有害因素，不断清除一切侵蚀党的健康肌体的病原体，确保党不变质、不变色、不变味。

"五个必由之路"反映了新时代坚持和发展中国特色社会主义的规律性认识

必由之路就是发展规律，遵循发展规律的路就是成功之路。"五个必由之路"是新时代党的创新理论中具有原创性的思想观点，是新时代坚持和发展中国特色社会主义规律性认识的宝贵结晶。

明确新时代坚持和发展中国特色社会主义的基本路径。中国特色社会主义道路是在实践的深化和认识的完善中逐步拓展的道路。"五个必由之路"凝练了新时代中国特色社会主义在道路问题上的开拓创新，是坚持和发展中国特色社会主义道路的重要成果。这些重要成果，明确了党的全面领导是中国特色社会主义道路的"定海神针"，中华民族伟大复兴是中国特色社会主义道路的前行目标，团结奋斗是中国特色社会主义道路的力量源泉，新发展理念是中国特色社会主义道路的强盛法宝，全面从严治党是中国特色社会主义道路的命运保证。"五个必由之路"紧密联系、相互贯通，构成了中国特色社会主义道路的支撑体系。

掌握新时代坚持和发展中国特色社会主义的理论根基。党的领导制度在中国特色社会主义制度体系中处于根本领导制度地位，这就决定了坚持党的全面领导是坚持和发展中国特色社会主义的必由之路。党代表中国最广大人民根本利益，共同富裕是社会主义的本质要求，这就决定了中国特色社会主义是实现中华民族伟大复兴的必由之路。团结就是力量，奋斗开创未来；能团结奋斗的民族才有前途，能团结奋斗的政党才能立于不败之地，这就决定了团结奋斗是中国人民创造历史伟业的必由之路。发展理念是否对头，从根本上决定着发展成效乃至成败，新发展理念回答了关于发展的目的、动力、方式、路径等一系列理论和实践问题，这就决定了贯彻新发展理念是新时代我国发展壮大的必由之路。勇于自我革命是中国共产党区别于其他政党的显著标志，自我革命精神是党永葆青春活力的强大支撑，这就决定了全面从严治党是党永葆生机活力、走好新的赶考之路的必由之路。

统筹新时代坚持和发展中国特色社会主义的关键问题。"五个

"五个必由之路"

必由之路"抓住了新时代的关键问题,这就是人口规模巨大的国家向现代化迈进的政治领导、政治核心、政治权威问题,中华民族从站起来、富起来到强起来的道路、理论、制度、文化问题,不平衡不充分的发展状况下、风险挑战的复杂性严峻性前所未有的环境中民族精神的塑造问题,我国经济处于"三期叠加"、世界经济处于深度调整时期的发展理念、发展路径、发展方式问题,长期执政的马克思主义政党始终保持创造力、凝聚力、战斗力问题。回应这些关键问题,"五个必由之路"科学回答了新时代坚持和发展中国特色社会主义、建设社会主义现代化强国、建设长期执政的马克思主义政党等重大时代课题。其中,党的全面领导是走好必由之路的根本保证,中国特色社会主义是走好必由之路的道路之本,团结奋斗是走好必由之路的强大动力,新发展理念是走好必由之路的基本准则,全面从严治党是走好必由之路的主体条件。坚定走好"五个必由之路",使之发挥出持续强劲的系统功能,正是新时代的成功之路。

"五个必由之路"指明了实现新的奋斗目标的基本遵循

习总书记提出的"五个必由之路"这一具有原创性的战略思想和创新理念,是习近平新时代中国特色社会主义思想的重要内容,是奋进新征程、开创新局面的重大指导方针。

从新时代的伟大成就和伟大飞跃中坚定走好"五个必由之路"

的信念。"五个必由之路"的理论概括，是以党的十八大以来创造的新时代中国特色社会主义全部成就和所有进展为坚实基础的，是以党和人民勇于斗争、攻坚克难，推动中华民族迎来新的伟大飞跃为坚定自信的。坚持"五个必由之路"，党和人民创造了在经济文化比较落后的东方大国全面建成小康社会的伟大奇迹，创造了依靠中国特色社会主义制度战胜各方面风险挑战的伟大奇迹，创造了百年大党长期执政、找到跳出历史周期率成功路径的伟大奇迹，正在创造着在人口规模巨大的国家扎实推动共同富裕、全面建成社会主义现代化强国的伟大奇迹。新时代成为中华民族伟大复兴新的历史飞跃期，是在新中国成立和改革开放以来创造的伟大成就基础上，继续向着更高目标进军的新阶段，是以强起来保证中华民族始终岿然屹立、保障中国人民长享发展成果的飞跃期。坚持"五个必由之路"，就是坚定新时代坚持和发展中国特色社会主义的道路自信。

在坚持"五个必由之路"中统筹把握中华民族伟大复兴战略全局和世界百年未有之大变局。当代中国正在经历人类历史上最为宏大而独特的实践创新，实现社会主义现代化和中华民族伟大复兴的总任务使命艰巨，更具战略性、可塑性的机遇和更具复杂性、全局性的挑战前所未有。统筹把握中华民族伟大复兴战略全局和世界百年未有之大变局，是推进这场最为宏大而独特实践创新的根本之举。坚持"五个必由之路"，就能够充分发挥党的领导和中国特色社会主义制度的政治优势，掌握正确方向，凝聚各方力量，战胜风险挑战；就能够充分发挥党的伟大精神和伟大民族精神的精神优

"五个必由之路"

势；就能够充分发挥马克思主义中国化新的飞跃的理论优势。

"两个确立"是坚持"五个必由之路"的政治引领和思想旗帜。党的十九届六中全会明确指出，党确立习近平同志党中央的核心、全党的核心地位，确立习近平新时代中国特色社会主义思想的指导地位，反映了全党全军全国各族人民共同心愿，对新时代党和国家事业发展、对推进中华民族伟大复兴历史进程具有决定性意义。坚持"五个必由之路"，就必须更加紧密地团结在以习近平同志为核心的党中央周围，全面贯彻习近平新时代中国特色社会主义思想，埋头苦干、勇毅前行，在坚强核心领导下和思想旗帜引领下奋进新征程、实现新目标、开创新伟业，"继续在人类的伟大时间历史中创造中华民族的伟大历史时间"。

《解放军报》（2022 年 04 月 06 日）

"五个必由之路"揭示中国答卷的成功密码

董振华

习近平总书记3月5日在参加十三届全国人大五次会议内蒙古代表团审议时,用"五个必由之路"深刻揭示了中国答卷背后的成功密码,即坚持党的全面领导是坚持和发展中国特色社会主义的必由之路;中国特色社会主义是实现中华民族伟大复兴的必由之路;团结奋斗是中国人民创造历史伟业的必由之路;贯彻新发展理念是新时代我国发展壮大的必由之路;全面从严治党是党永葆生机活力、走好新的赶考之路的必由之路。"五个必由之路"进一步深化了对共产党执政规律、社会主义建设规律、人类社会发展规律的认识,是具有方向性、根本性、全局性、战略性的重大论断,既为我们弄清楚"过去我们为什么能够成功"的内在逻辑提供了科学答案,也为"未来我们怎样才能继续成功"指明了前行方向。

第一,"五个必由之路"深刻回答了"举什么旗,走什么路"的重大问题。方向决定道路,道路决定命运。中国特色社会主义是党和人民历经千辛万苦、付出巨大代价取得的根本成就,是实现中

"五个必由之路"

华民族伟大复兴的必由之路。我们正是因为始终坚持马克思主义指导地位不动摇，坚持科学社会主义基本原则不动摇，坚持党的全面领导和全面从严治党，团结带领中国人民不断推进理论创新、实践创新、制度创新、文化创新以及各方面创新，才不断赋予中国特色社会主义以鲜明的实践特色、理论特色、民族特色、时代特色，走出了一条不同凡响的中国道路，创造了世人瞩目的伟大奇迹。中国特色社会主义不断取得的辉煌成就，意味着中国特色社会主义道路、理论、制度、文化不断发展，拓展了发展中国家走向现代化的途径，给世界上那些既希望加快发展又希望保持自身独立性的国家和民族提供了全新选择，为解决人类问题贡献了中国智慧和中国方案，以不可辩驳的事实彰显了科学社会主义的鲜活生命力，社会主义的伟大旗帜始终在中国大地上高高飘扬！

第二，"五个必由之路"深刻回答了"新时代坚持和发展什么样的中国特色社会主义、怎样坚持和发展中国特色社会主义"的重大课题。实现人类解放和造福人民是马克思主义的根本价值追求，也是人类社会发展的根本价值旨向。科学理论并不是僵死教条而是行动指南，社会主义并没有定于一尊、一成不变的套路。每一个国家、每一个民族，应该选择什么样的发展道路、采用什么样的发展方略，没有一个放之四海而皆准的固定模式，必须一切从实际出发，把科学社会主义基本原则同本国具体实际、历史文化传统、时代要求相结合，选择最适合自己的道路。中国最大的国情就是中国共产党的领导。什么是中国特色？这就是中国特色。中国特色社会主义最本质的特征是中国共产党领导，中国特色社会主义制度的最大优势是中国共产党领导。坚持党的全面领导是坚持和发展中国特色社会主义的必由之路。

第三，"五个必由之路"深刻回答了"建设什么样的社会主义现代化强国、怎样建设社会主义现代化强国"的重大课题。在中国这样一个十几亿人口的国家如何实现现代化、建成现代化强国，这是一个人类历史上前所未有的伟大事业，也是世界历史上从来没有实现过的难题。中国共产党团结带领伟大的中国人民正在谱写人类历史上的宏伟史诗。现代化是18世纪以来的世界潮流，肇始于西方的、资本主导下的工业化和现代化在创造了丰富的物质财富的同时，也拉大了贫富差距，引发了环境问题，失落了精神家园。中国共产党领导的现代化是社会主义的现代化，始终把维护好、发展好人民的根本利益作为一切工作的出发点，让人民共享现代化成果。完整、准确、全面贯彻新发展理念，加快构建新发展格局，推动高质量发展，加快实现科技自立自强，我们就一定能够不断提高我国发展的竞争力和持续力，在现代化进程中、在日趋激烈的国际竞争中把握主动、赢得未来。

第四，"五个必由之路"深刻回答了"建设什么样的长期执政的马克思主义政党、怎样建设长期执政的马克思主义政党"的重大课题。党的领导是党和国家的根本所在、命脉所在，是全国各族人民的利益所系、命运所系，坚持党的全面领导是坚持和发展中国特色社会主义的必由之路。离开党的领导，中国特色社会主义就缺乏

"五个必由之路"

根本的政治保证，就会失去正确方向。一方面，发展中国特色社会主义是一项长期而艰巨的历史任务，必须准备进行具有许多新的历史特点的伟大斗争。只有坚定不移坚持党的全面领导、维护党中央权威和集中统一领导，我们才能拥有团结奋斗的强大政治凝聚力、发展自信心，集聚起守正创新、共克时艰的强大力量；另一方面，办好中国的事情，关键在党、关键在全面从严治党。只要大力弘扬伟大建党精神，不忘初心使命，勇于自我革命，不断清除一切损害党的先进性和纯洁性的有害因素，不断清除一切侵蚀党的健康肌体的病原体，我们就一定能够确保党不变质、不变色、不变味，确保党在新时代坚持和发展中国特色社会主义的历史进程中始终成为坚强领导核心。

实践证明，中国特色社会主义走得通、走得对、走得好，是一条既符合中国国情，又适合时代发展要求并取得巨大成功的唯一正确道路。坚持和发展中国特色社会主义是一篇大文章。新征程上，我们必须坚持党的全面领导和全面从严治党，增强"四个意识"、坚定"四个自信"、坚决做到"两个维护"，把我们党建设成为永葆青春活力的马克思主义政党，凝聚起为坚持和发展中国特色社会主义、实现中华民族伟大复兴团结奋斗的磅礴力量，立足新发展阶段、贯彻新发展理念、构建新发展格局，继续推动中国这艘"复兴号"巨轮劈波斩浪、行稳致远。

《光明日报》（2022年03月15日）

"五个必由之路"：新时代中国的"成功密码"

肖贵清

在今年全国两会上，习近平总书记回顾新时代党和人民奋进历程，首次提出"五个必由之路"重大论断，从党和国家事业发展全局的战略高度回答了过去我们为什么能够成功、未来我们怎样才能继续成功的时代之问、历史之问。"五个必由之路"，是中国共产党人经过实践检验得出的历史结论，进一步深化了对共产党执政规律、社会主义建设规律、人类社会发展规律的认识，体现了党对历史大势的深刻把握，揭示了新时代中国的"成功密码"，具有重大理论意义和实践意义。

坚持党的全面领导是坚持和发展中国特色社会主义的必由之路

"坚持党的全面领导是坚持和发展中国特色社会主义的必由之路"，这一重要论断，揭示了党的领导与中国特色社会主义的关系，

"五个必由之路"

体现出中国共产党人对马克思主义建党学说和社会主义发展规律的深刻认识。

中国人民和中华民族之所以能够扭转近代以后的历史命运、取得今天的伟大成就，最根本的是有中国共产党的坚强领导——没有中国共产党，就没有新中国，就没有中国特色社会主义，就没有中华民族伟大复兴。中国特色社会主义最本质的特征是中国共产党领导，中国特色社会主义制度的最大优势是中国共产党领导。党的领导是做好党和国家各项工作的根本保证，是我国政治稳定、经济发展、民族团结、社会稳定的根本点，绝对不能有丝毫动摇。

坚持党的领导，首先是坚持党中央权威和集中统一领导。习近平总书记强调："党中央是大脑和中枢，党中央必须有定于一尊、一锤定音的权威。"在国家治理体系的大棋局中，党中央是坐镇中军帐的"帅"，车马炮各展其长，一盘棋大局分明。新时代坚持党的全面领导，要坚决维护习近平总书记党中央的核心、全党的核心地位，坚决维护党中央权威和集中统一领导，自觉在思想上政治上行动上同党中央保持高度一致。党的十八大以来，党中央严明党的政治纪律和政治规矩，党中央权威和集中统一领导得到有力保证，党的领导制度体系不断完善，党的领导方式更加科学，全党思想上更加统一、政治上更加团结、行动上更加一致，党的政治领导力、思想引领力、群众组织力、社会号召力显著增强。

新征程上，应对和战胜前进道路上的各种风险和挑战，关键在党。在坚持党的领导这个决定党和国家前途命运的重大原则问题上，我们脑子要特别清醒、眼睛要特别明亮、立场要特别坚定，绝不能有任何含糊和动摇。坚定不移坚持党的全面领导、维护党中央权威和集中统一领导，把党的领导全面、系统、整体地贯彻到党和国家工作的全过程、各方面，我们就一定能够确保全党全国拥有团结奋斗的强大政治凝聚力、发展自信心，集聚起守正创新、共克时艰的强大力量，形成风雨来袭时全体人民最可靠的主心骨。

中国特色社会主义是实现中华民族伟大复兴的必由之路

"中国特色社会主义是实现中华民族伟大复兴的必由之路"，这一重要论断，揭示了中国道路和实现中华民族伟大复兴的关系，深刻回答了实现中华民族伟大复兴的正确道路问题，为我们不断实现人民对美好生活的向往、实现中华民族伟大复兴指明了前进的方向。

坚持和发展中国特色社会主义是一篇大文章。几代中国共产党人的接续探索，开辟了中国特色社会主义道路、形成了中国特色社会主义理论、确立了中国特色社会主义制度、发展了中国特色社会主义文化。中国特色社会主义是社会主义而不是其他什么主义，既坚持了科学社会主义基本原则，又根据时代条件赋予其鲜明的中国特色。

党的十八大以来，以习近平同志为核心的党中央团结带领全党全国各族人民，深刻回答了新时代坚持和发展什么样的中国特色社会主义、怎样坚持和发展中国特色社会主义，建设什么样的社会主义现代化强国、怎样建设社会主义现代化强国，建设什么样的长期执政的马克思主义政党、怎样建设长期执政的马克思主义政党等重大时代课题，创立了习近平新时代中国特色社会主义思想，推动党和国家事业发生历史性变革、取得历史性成就。中国特色社会主义在21世纪以不可辩驳的事实彰显了科学社会主义的鲜活生命力。

方向决定前途，道路决定命运。围绕实现中华民族伟大复兴的历史主题，中国共产党的百年奋斗从根本上改变了中国人民的前途命运、开辟了实现中华民族伟大复兴的正确道路，中华民族迎来了从站起来、富起来到强起来的伟大飞跃，实现中华民族伟大复兴进入了不可逆转的历史进程。只要始终不渝走中国特色社会主义道路，我们就一定能够不断实现人民对美好生活的向往，不断推进全体人民共同富裕。

团结奋斗是中国人民创造历史伟业的必由之路

"团结奋斗是中国人民创造历史伟业的必由之路"，这一重要论断，揭示了中国人民团结奋斗精神密码和创造历史伟业的关系，向全党全国人民发出了团结奋斗的时代号召。

中华民族自古以来就有团结奋斗的优良传统。任何一个四分五裂的国家、任何一个一盘散沙的民族，决不可能发展进步、更不可能实现伟大复兴。一百年来，党和人民在革命、建设、改革的火热实践中锤炼铸就了团结奋斗的精神品质，并依靠团结奋斗创造了辉煌历史。

能团结奋斗的民族才有前途，能团结奋斗的政党才能立于不败之地。中国特色社会主义进入新时代，我们党既强调国内各民族的团结，也强调人类的团结；既强调党和人民的团结，也强调党内的团结。面对新时代的新挑战，党和人民大力弘扬伟大团结精神，在脱贫攻坚的进程中、在抗击新冠肺炎疫情的斗争中、在"绿色、共享、开放、廉洁"的办奥道路上，同呼吸、共命运，肩并肩、心连心，绘就了团结就是力量的时代画卷，彰显出集中力量办大事的显著优势。

团结就是力量，奋斗开创未来。党和人民取得的一切成就都是团结奋斗的结果，团结奋斗是中国共产党和中国人民最显著的精神标识。新征程上，只要在党的领导下全国各族人民团结一心、众志成城，敢于斗争、善于斗争，我们就一定能够战胜前进道路上的一切困难挑战，继续创造令人刮目相看的新的奇迹。

贯彻新发展理念是新时代我国发展壮大的必由之路

"贯彻新发展理念是新时代我国发展壮大的必由之路"，这一重要论断，揭示了新发展理念和新时代中国发展实践的关系，阐明了新时代中国发展壮大的理念、思路。

党领导人民治国理政，很重要的一个方面就是要回答好实现什么样的发展、怎样实现发展这个重大问题。发展理念是否对头，从根本上决定着发展成效乃至成败。

党的十八大以来，以习近平同志为核心的党中央在对我国经济形势进行科学判断的基础上，对经济社会发展提出了一系列重大理论和理念，其中，创新、协调、绿色、开放、共享的发展理念即新发展理念，是最重要、最主要的，是党立足新时代新阶段的创新理念、原创思路。

新发展理念是一个系统的理论体系，科学回答了关于发展的目的、动力、方式、路径等一系列理论和实践问题，阐明了中国共产党关于发展的政治立场、价值导向、发展模式、发展道路等重大政治问题。面对新问题新挑战，只要完整、准确、全面贯彻新发展理念，加快构建新发展格局，推动高质量发展，加快实现科技自立自强，我们就一定能够不断提高我国发展的竞争力和持续力，在日趋激烈的国际竞争中把握主动、赢得未来。

全面从严治党是党永葆生机活力、走好新的赶考之路的必由之路

"全面从严治党是党永葆生机活力、走好新的赶考之路的必由之路"，这一重要论断，揭示了党的伟大自我革命和伟大社会革命的关系，指明了马克思主义执政党始终走在时代前列的关键所在。

勇于自我革命是中国共产党区别于其他政党的显著标志。党的

十八大以来，党中央以前所未有的勇气和定力推进全面从严治党，党的自我净化、自我完善、自我革新、自我提高能力显著增强，管党治党宽松软状况得到根本扭转，反腐败斗争取得压倒性胜利并全面巩固，党在革命性锻造中更加坚强有力。

党的历史这么长、规模这么大、执政这么久，如何跳出治乱兴衰的历史周期率？毛泽东同志在延安窑洞里给出了第一个答案，这就是"只有让人民来监督政府，政府才不敢松懈"。经过百年奋斗特别是党的十八大以来新的实践，中国共产党又给出了第二个答案，这就是自我革命。正是因为具备这种独有的政治品格，党才能穿越百年风风雨雨，成为永远打不倒、压不垮的马克思主义政党。

办好中国的事情，关键在党、关键在全面从严治党。新征程上，只要大力弘扬伟大建党精神，不忘初心使命，勇于自我革命，不断清除一切损害党的先进性和纯洁性的有害因素，不断清除一切侵蚀党的健康肌体的病原体，我们就一定能够确保党不变质、不变色、不变味，确保党在新时代坚持和发展中国特色社会主义的历史进程中始终成为坚强领导核心。

《河北日报》（2022年04月13日）

>> 拓展阅读

新时代我国发展壮大的必由之路

葛 莉 赵 灿

习近平总书记在今年全国两会上提出"五个必由之路"的重大论断,深刻揭示了新时代我国发展进步的成功之道与宝贵经验。"贯彻新发展理念是新时代我国发展壮大的必由之路",是其中非常重要的一条。

发展理念是发展行动的先导,是发展思路、方向、着力点的集中体现,管全局、管根本、管方向、管长远。作为习近平经济思想的主要内容,新发展理念是一个系统的理论体系,阐明了我们党关于发展的政治立场、价值导向、发展模式、发展道路等重大政治问题。只要完整、准确、全面贯彻新发展理念,加快构建新发展格局,推动高质量发展,加快实现科技自立自强,我们就能够不断提高我国发展的竞争力和持续力,在日趋激烈的国际竞争中把握主动、赢得未来。站在新的历史起点,要紧紧围绕坚持以人民为中心、坚持系统观念、坚持问题导向,完整、准确、全面贯彻新发展理念,努力实现更高质量、更有效率、更加公平、更可持续、更为安全的发展。

坚持以人民为中心

坚持以人民为中心是贯彻新发展理念的价值旨归。发展为了人民，是马克思主义政治经济学的根本立场。坚持发展为了人民、发展依靠人民、发展成果由人民共享，补齐民生短板、增进人民福祉，是贯彻新发展理念的题中应有之义。

其一，从坚持创新发展的角度看，发展是第一要务，人才是第一资源，创新是第一动力，创新驱动实质上是人才驱动。要尊重人民首创精神，形成崇尚创新、勇于创新的生动局面，确保创新发展的成果惠及广大人民群众。其二，从坚持协调发展的角度看，人民群众是发展的主体，也是协调发展的受益者。只有持续激发人民群众的积极性、主动性、创造性，才能更有效地推动区域协调发展、城乡协调发展、物质文明和精神文明协调发展，推动经济建设和国防建设融合发展，加快补齐短板，解决发展不平衡不充分问题，不断满足人民日益增长的美好生活需要。其三，从坚持绿色发展的角度看，我们要建设的现代化是人与自然和谐共生的现代化，既要创造更多物质财富和精神财富以满足人民日益增长的美好生活需要，也要提供更多优质生态产品以满足人民日益增长的优美生态环境需要。必须树立和践行绿水青山就是金山银山的理念，加快形成绿色发展方式和生活方式，为人民创造良好生产生活环境。其四，从坚

"五个必由之路"

持开放发展的角度看,形成更大范围、更宽领域、更深层次对外开放格局,有利于开辟新的发展领域、开拓广阔的发展空间,满足人民对美好生活的向往,促进人的全面发展。其五,从坚持共享发展的角度看,共享理念实质就是坚持以人民为中心的发展思想,体现的是逐步实现共同富裕的要求。共享发展是人人享有、各得其所,要全面保障人民在各方面的合法权益,要充分发扬民主,广泛汇聚民智,最大激发民力,让人民群众有更多获得感。

坚持系统观念

党中央强调,贯彻新发展理念是关系我国发展全局的一场深刻变革,不能简单以生产总值增长率论英雄,必须实现创新成为第一动力、协调成为内生特点、绿色成为普遍形态、开放成为必由之路、共享成为根本目的的高质量发展,推动经济发展质量变革、效率变革、动力变革。新发展理念是一个系统的理论体系,回答了关于发展的目的、动力、方式、路径等一系列理论和实践问题。完整、准确、全面贯彻新发展理念,必须坚持系统观念,统筹国内国际两个大局,加强前瞻性思考、全局性谋划、战略性布局、整体性推进。

其一,创新是引领发展的第一动力,在新发展理念中居于首位。抓住了创新,就抓住了牵动经济社会发展全局的"牛鼻子"。要坚持创新在现代化建设全局中的核心地位,将科技自立自强作为国家发展的战略支撑,确保牢牢掌握发展的主动权。其二,协调是经济持续健康发展的内在要求。要运用辩证法，善于"弹钢琴"，处理好局部和全局、当前和长远、重点和非重点的关系，在权衡利弊中趋利避害、作出最为有利的战略抉择，更有效地推动协调发展。其三，绿色是永续发展的必要条件。要坚定走生产发展、生活富裕、生态良好的文明发展道路，加快建设资源节约型、环境友好型社会，推进美丽中国建设，使绿色成为高质量发展的鲜明底色。其四，开放是繁荣发展的必由之路。主动顺应世界发展潮流，不但能发展壮大自己，而且可以引领世界发展潮流，推动构建人类命运共同体。其五，共享是中国特色社会主义的本质要求。共享发展理念的内涵包括全民共享、全面共享、共建共享和渐进共享。坚持共享发展，就是要使全体人民在共建共享发展中有更多获得感，增强发展动力。

新发展理念是一个整体，坚持创新发展、协调发展、绿色发展、开放发展、共享发展，需要统一思想、协调行动、开拓前进，各层面在贯彻落实中都要完整把握、准确理解、全面落实，把新发展理念贯彻到经济社会发展全过程和各领域。

坚持问题导向

当前，百年变局和世纪疫情相互交织，经济全球化遭遇逆流，世界进入新的动荡变革期。我国外部环境更趋复杂严峻，国内改革发展稳定任务艰巨繁重，各种风险挑战不断凸显。贯彻新发展理念必须坚持问题导向，聚焦发展的重点、难点、堵点、痛点，在增强

"五个必由之路"

创新能力、推动平衡发展、改善生态环境、提高开放水平、促进共享发展等重点领域与关键环节上下功夫。

其一，创新发展注重的是解决发展动力问题。科技自立自强是决定我国生存和发展的基础能力，针对目前所存在的诸多"卡脖子"问题，要集中力量打好关键核心技术攻坚战，加快推进高水平科技自立自强。其二，协调发展注重的是解决发展不平衡问题。目前我国城乡区域发展差距较大，需要处理好经济发展和民生改善的关系、效率和公平的关系等，对新的问题抓紧研究、明确思路。其三，绿色发展注重的是解决人与自然和谐问题。我国生产和生活体系向绿色低碳转型的压力较大，实现"双碳"目标的任务也很艰巨，相关工作要积极稳妥地推进。其四，开放发展注重的是解决发展内外联动问题。随着经济全球化出现逆流，外部环境越来越复杂多变，必须处理好自立自强和开放合作的关系、积极参与国际分工和保障国家安全的关系等，用好国内国际两个市场、两种资源，促进国内国际双循环。其五，共享发展注重的是解决社会公平正义问题。要自觉主动解决地区差距、城乡差距、收入差距等问题，坚持在发展中保障和改善民生，统筹做好就业、收入分配、教育、社保、医疗、住房、养老、扶幼等各方面工作，促进社会公平正义，让发展成果更多更公平惠及全体人民，扎实推动共同富裕。

《经济日报》（2022年03月23日）

第二编

坚持党的全面领导是坚持和发展中国特色社会主义的必由之路。只要坚定不移坚持党的全面领导、维护党中央权威和集中统一领导,我们就一定能够确保全党全国拥有团结奋斗的强大政治凝聚力、发展自信心,集聚起守正创新、共克时艰的强大力量,形成风雨来袭时全体人民最可靠的主心骨。

坚持党的全面领导是坚持和发展中国特色社会主义的必由之路

"群芳吐艳普天同庆春光好　百姓脱贫遍地常怀党泽深"——火红的春联映衬着瑞雪，2022年春节前夕，来到山西考察的习近平总书记走进临汾汾西县僧念镇段村村民蔡文明家。厨房里，餐桌上是香喷喷的红烧肉、酥肉、丸子；掀开锅盖，锅里正炖着热气腾腾的羊肉；储藏室中，粮食蔬菜储备充足……向习近平总书记说起脱贫后的变化，蔡文明感叹："我们赶上了好时代，都是托共产党的福、托总书记的福。"一副春联、一句感慨，道出的是脱贫群众在党的带领下"生活芝麻开花节节高"的真实心声，印证的是"党的领导是党和国家的根本所在、命脉所在，是全国各族人民的利益所系、命运所系"的深刻道理。

坚持党的全面领导是坚持和发展中国特色社会主义的必由之路

办好中国的事情，关键在党。习近平总书记概括新时代党和人民奋进历程中形成的"五个必由之路"重要认识，其中第一个重要认识便是"坚持党的全面领导是坚持和发展中国特色社会主义的必由之路"。这一重要论断，揭示了党的领导与中国特色社会主义的关系，昭示了我们党对马克思主义建党学说和社会主义发展规律的深刻认识。

党政军民学，东西南北中，党是领导一切的，是最高的政治领导力量。中国特色社会主义大厦需要四梁八柱来支撑，党是贯穿其中的总的骨架；中国特色社会主义巨轮需要不断破浪前进，党是自始至终的领航力量。党的十八大以来，无论是国内生产总值突破百万亿元大关，人均国内生产总值超过一万美元，国家经济实力、科技实力、综合国力跃上新台阶，还是持续向贫困宣战，解决千百年来困扰中华民族的绝对贫困问题；无论是美丽中国建设迈出重大步伐，我国生态环境保护发生历史性、转折性、全局性变化，还是全面建成小康社会目标如期实现，开启全面建设社会主义现代化国家新征程……新时代党和国家事业取得的历史性成就、发生的历史性变革都充分证明：中国特色社会主义最本质的特征是中国共产党领导，中国特色社会主义制度的最大优势是中国共产党领导；党的领导是做好党和国家各项工作的根本保证，是党和国家事业不断发展的"定海神针"。

事在四方，要在中央。全党全国的事要办好，中央必须有权威。习近平总书记强调："党中央是大脑和中枢，党中央必须有定于一

"五个必由之路"

尊、一锤定音的权威,这样才能'如身使臂,如臂使指,叱咤变化,无有留难,则天下之势一矣'。"大战大考见真章。面对脱贫这个世纪难题,党中央一声令下,25.5万个驻村工作队、300多万名第一书记和驻村干部,同近200万名乡镇干部和数百万村干部一道奋战在扶贫一线,带领群众攻克了一个又一个贫中之贫、坚中之坚;面对百年不遇的新冠肺炎疫情,党中央一声令下,八方驰援,众志成城,我国在全球率先控制住疫情、率先复工复产、率先实现经济正增长,"中国之治"展现出令世界惊叹的能力和效率。实践一次次告诉我们,党中央权威是危难时刻全党全国各族人民迎难而上的根本依靠,重大历史关头,重大考验面前,党中央的判断力、决策力、行动力具有决定性作用。

船重千钧,掌舵一人。全党有核心,党中央才有权威,党才有力量。党的十八大以来这些年在党和国家事业发展进程中极不寻常、极不平凡。党面临形势环境的复杂性和严峻性、肩负任务的繁重性和艰巨性世所罕见、史所罕见。习近平总书记以马克思主义政治家、思想家、战略家的非凡理论勇气、卓越政治智慧、强烈使命担当,谋划国内国际两个大局,推进改革发展稳定、内政外交国防、治党治国治军工作,领导全党全国各族人民抓住机遇、攻坚克难,解决了许多长期想解决而没有解决的难题,办成了许多过去想办而没有办成的大事。党和国家事业取得历史性成就、发生历史性变革,最根本的原因在于有习近平总书记作为党中央的核心、全党的核心掌舵领航,在于有习近平新时代中国特色社会主义思想科学指引。党确立习近平同志党中央的核心、全党的核心地位，确立习近平新时代中国特色社会主义思想的指导地位，反映了全党全军全国各族人民共同心愿，对新时代党和国家事业发展、对推进中华民族伟大复兴历史进程具有决定性意义。

2021年11月11日，在党的十九届六中全会第二次全体会议上，习近平总书记话语坚定："治理好我们这个世界上最大的政党和人口最多的国家，必须坚持党的集中统一领导，维护党中央权威，确保党始终总揽全局、协调各方。"远眺前行路，我们不知还要爬多少坡、过多少坎、经历多少风风雨雨、克服多少艰难险阻，夺取新时代中国特色社会主义新胜利，从根本上讲还是要靠党的领导这个"定海神针"。只要坚定不移坚持党的全面领导、维护党中央权威和集中统一领导，我们就一定能够确保全党全国拥有团结奋斗的强大政治凝聚力、发展自信心，集聚起守正创新、共克时艰的强大力量，形成风雨来袭时全体人民最可靠的主心骨，在新时代新征程上赢得更加伟大的胜利和荣光！

坚持党的全面领导

江金权

《中共中央关于党的百年奋斗重大成就和历史经验的决议》（以下简称《决议》）第四部分系统总结了党的十八大以来的重大成就和新鲜经验，其中第一条总结的是在坚持党的全面领导上的历史性成就、历史性变革。坚持和加强党的全面领导，是党的十八大以来取得的最重要成就之一，又是党和国家事业取得历史性成就、发生历史性变革的最根本保证。

党的领导是党和国家事业不断发展的"定海神针"

习近平总书记指出：党的领导"是党和国家的根本所在、命脉所在，是全国各族人民的利益所系、命运所系""党的领导是党和国家事业不断发展的'定海神针'"。这是总结党的百年奋斗史得出的科学结论，具有充分的历史依据、理论依据、现实依据，具有深刻的历史逻辑、理论逻辑、实践逻辑。

"万山磅礴，必有主峰。"我们党是中国工人阶级的先锋队，同时是中国人民和中华民族的先锋队。从诞生之日起，我们党就始终高举马克思主义伟大旗帜，坚持共产主义远大理想和社会主义信念，把为中国人民谋幸福、为中华民族谋复兴作为自己的初心和使命，经历长期浴血奋战、艰苦奋斗，取得了新民主主义革命、社会主义革命和建设、改革开放和社会主义现代化建设的伟大成就，领导中国特色社会主义事业进入新时代并取得历史性成就、发生历史性变革。党的百年奋斗，从根本上改变了中国人民的前途命运，开辟了实现中华民族伟大复兴的正确道路，展示了马克思主义的强大生命力，深刻影响了世界历史进程，并把自己锻造成为始终走在时代前列的马克思主义执政党。党的百年奋斗的巨大成就充分证明，我们党是一个伟大光荣正确的马克思主义政党，是中华民族伟大复兴事业的坚强领导核心。党的领导地位和执政地位，是历史的选择、人民的选择，我们党始终不负这个选择。

回顾党的历史可以看到，什么时候坚持党的全面领导，党和人民事业就健康发展；什么时候弱化甚至放弃党的全面领导，党和人民事业就受到挫折甚至失败。大革命时期，由于我们党处于幼年、力量有限，在第一次国共合作中没有保持党的独立性更丧失了领导权，当国民党内反动集团叛变革命、残酷屠杀共产党人和革命群众时，不能组织人民进行有效抵抗，导致大革命失败，党和革命力量遭受惨重损失。土地革命战争时期，王明"左"倾教条主义很长时间占据党中央领导地位，最终导致中央革命根据地第五次反"围剿"

"五个必由之路"

失败，并使中央红军在长征初期遭受一系列重大挫折。遵义会议在党的历史上是一个生死攸关的转折点，事实上确立了毛泽东同志在党中央和红军的领导地位，开始确立以毛泽东同志为主要代表的马克思主义正确路线在党中央的领导地位，在最危急关头挽救了党、挽救了红军、挽救了中国革命。抗日战争时期，我们党率先高举武装抗日旗帜，推动实行第二次国共合作，倡导建立抗日民族统一战线，通过思想引领、战略引领等保持在抗日民族统一战线中的领导权，党领导的军队和人民始终战斗在抗日最前沿，成为全民族抗战的中流砥柱，为夺取抗日战争胜利作出最大贡献。在全国全面执政后，我们党实现党的一元化领导，为赢得抗美援朝战争胜利、恢复国民经济、建立社会主义基本制度、开展社会主义建设并取得重大成就等，提供了根本政治保证。"文化大革命"使党、国家、人民遭到新中国成立以来最严重的挫折和损失。党的十一届三中全会以后，我们党恢复和重新确立正确的思想路线、政治路线、组织路线，坚持和加强党的领导，领导全国人民开创了改革开放和社会主义现代化建设的崭新局面。当然，在改革开放条件下，在反思党的一元化领导出现的某些问题过程中，在如何改善党的领导的探索中，在党的领导的内容和方式上也曾一度出现偏差，其影响直到党的十八大以后才真正消除。实践证明，坚持党的全面领导是事关党和国家事业前途命运的重大问题，是中国特色社会主义事业取得成功的根本政治保证。

无数事实反复证明，"中国共产党所具有的无比坚强的领导力，是风雨来袭时中国人民最可靠的主心骨。"正因为如此，党的十八大以来，以习近平同志为核心的党中央把坚持和加强党的全面领导作为开创事业新局面的重中之重。

党的十八大以来坚持党的全面领导的主要做法

《决议》指出："改革开放以后，党为加强和改善党的领导进行持续努力，为党和国家事业发展提供了根本政治保证。同时，党内也存在不少对坚持党的领导认识模糊、行动乏力问题，存在不少落实党的领导弱化、虚化、淡化、边缘化问题，特别是对党中央重大决策部署执行不力，有的搞上有政策、下有对策，甚至口是心非、擅自行事。""七个有之"问题严重冲击党的全面领导。针对这种情况，以习近平同志为核心的党中央采取一系列举措坚持和加强党的全面领导。

理论上正本清源。习近平总书记指出："中国共产党是中国特色社会主义事业的领导核心，所以必须加强和改善党的领导，充分发挥党总揽全局、协调各方的领导核心作用。""中国最大的国情就是中国共产党的领导。""中国共产党领导是中国特色社会主义最本质的特征，是中国特色社会主义制度的最大优势。""党政军民学，东西南北中，党是领导一切的，是最高的政治领导力量。"这些重要论述，深刻阐述了坚持党的全面领导的极端重要性和科学内涵，澄清了重大理论是非，为统一全党全国人民思想提供了理论指南。

"五个必由之路"

制度上立柱架梁。党的十九届四中全会明确党的领导制度是我国的根本领导制度,强调要坚决维护党中央权威,健全总揽全局、协调各方的党的领导制度体系,把党的领导落实到国家治理各领域各方面各环节。坚持党的全面领导,最重要的是坚持党中央集中统一领导。党中央出台中央政治局关于加强和维护党中央集中统一领导的若干规定,从党的最高领导层进行制度设计。建立健全党中央对重大工作的领导体制,严格执行向党中央请示报告制度。不断完善党领导人大、政府、政协、监察机关、审判机关、检察机关、武装力量、人民团体、企事业单位、基层群众性自治组织、社会组织等制度。坚持党的全面领导,必须实现党的领导全覆盖。党中央调整优化基层党组织的地位作用,如规定国有企业党委(党组)发挥领导作用,高等学校坚持实行党委领导下的校长负责制,等等,以确保党的全面领导落实落地。坚持党的全面领导,必须落实到党和国家事业的各方面。党中央围绕"五位一体"总体布局、"四个全面"战略布局以及外交、国防、"一国两制"等,建立健全落实党的全面领导的一系列重要制度、具体制度。所有这些,为坚持党的全面领导和党中央集中统一领导提供了制度保障。

实践上扎实推进。党的十八届六中全会通过《关于新形势下党内政治生活的若干准则》,为加强党的政治建设提供了重要遵循。党中央严明党的政治纪律和政治规矩,坚决防止和反对个人主义、分散主义、自由主义、本位主义、好人主义等,发展积极健康的党内政治文化,推动营造风清气正的良好政治生态。深化党和国家机构改革，健全体现和落实党的全面领导、党中央集中统一领导的工作体系。成立中央全面深化改革委员会、中央国家安全委员会、中央网络安全和信息化委员会、中央财经委员会、中央全面依法治国委员会等，强化党中央决策议事协调机构职能作用，落实党中央对经济建设、政治建设、文化建设、社会建设、生态文明建设和全面深化改革、国防和军队建设等各方面工作的全面领导。党中央要求领导干部提高政治判断力、政治领悟力、政治执行力，胸怀"国之大者"，对党忠诚、听党指挥、为党尽责。完善推动党中央重大决策落实机制，强化政治监督，深化政治巡视，旗帜鲜明整治"七个有之"，严厉查处违背党的路线方针政策、破坏党的集中统一领导问题，清除"两面人"，特别是果断查处秦岭、祁连山、青海木里等在环境整治中阳奉阴违的案件，产生重大警示作用。这些重大举措，有力推动了党的全面领导、党中央集中统一领导的落实落地。

党的十八大以来坚持党的全面领导的主要成效

《决议》指出："党的十八大以来，党中央权威和集中统一领导得到有力保证，党的领导制度体系不断完善，党的领导方式更加科学，全党思想上更加统一、政治上更加团结、行动上更加一致，党的政治领导力、思想引领力、群众组织力、社会号召力显著增强。"具体说来，成效主要体现在三个方面。

全党同志思想认识更加统一。全党同志深刻认识到：中国共产

"五个必由之路"

党是执政党，党的领导是做好党和国家各项工作的根本保证，是我国政治稳定、经济发展、民族团结、社会稳定的根本点，绝对不能有丝毫动摇。在这个重大原则问题上，头脑要特别清醒，态度要特别鲜明，行动要特别坚决，不能有任何动摇、任何迟疑、任何含糊。全党同志深刻认识到：坚持党的全面领导，必须坚持党中央集中统一领导，必须增强"四个意识"、坚定"四个自信"、做到"两个维护"，在政治立场、政治方向、政治原则、政治道路上同以习近平同志为核心的党中央保持高度一致。全党同志深刻认识到：坚持党的全面领导、党中央集中统一领导需要全党同志共同努力，面对各种危害根本领导制度的言行，决不能"爱惜羽毛"，必须发扬斗争精神，敢于斗争、善于斗争，坚定维护我们的"命根子"。

党的全面领导制度体系更加健全。不仅确立了党的领导制度是我国的根本领导制度，而且建立健全了坚持党的全面领导、党中央集中统一领导的各方面重要制度、具体制度。围绕落实民主集中制这个根本组织制度和领导制度，不仅建立健全了党对各方面工作领导、党中央集中统一领导的重要制度，而且通过修订地方党委工作条例、党组工作条例等完善了地方党委、党组的领导制度和工作制度，还通过修订国有企业、农村、高等学校等领域基层党组织的工作法规完善了各类基层党组织的领导制度和工作制度。现在，横向到边、纵向到底的坚持党的全面领导制度体系更加成熟、更加定型。

党中央集中统一领导更加坚强有力。在正本清源、建章立制的同时，党中央进一步健全完善党的组织体系：党中央作为全党的大脑和中枢，负责把方向、谋大局、定政策、促改革，具有定于一尊、一锤定音的权威；党的地方组织确保党中央决策部署在本地区的贯彻落实，有令即行、有禁即止；党组贯彻落实党中央和上级党组织决策部署，发挥把方向、管大局、保落实的重要作用；党的基层组织负责把党中央和上级党组织的决策部署贯彻落实到基层，密切联系群众。这种上下贯通、执行有力的组织体系，让党中央"如身使臂，如臂使指"，使党的大政方针和党中央决策部署及时地、不折不扣地贯彻落实。党不断提高科学执政、民主执政、依法执政水平，充分发挥总揽全局、协调各方的领导核心作用。党的十八大以来，党和国家事业在攻坚克难中不断取得巨大成就，特别是反对腐败、脱贫攻坚、抗击新冠肺炎疫情、应对贸易战等重大斗争中取得的举世瞩目成就，充分彰显党的全面领导、党中央集中统一领导的制度优势。全党全军全国人民对习近平总书记和党中央高度信赖、衷心拥戴。

《人民日报》（2021 年 12 月 13 日）

坚持党的全面领导是历史和人民的选择

王均伟

党的十九届六中全会通过的《中共中央关于党的百年奋斗重大成就和历史经验的决议》(以下简称《决议》),以"十个明确"对习近平新时代中国特色社会主义思想的核心内容作了进一步的系统概括,将中国共产党领导置于"十个明确"的首位:明确中国特色社会主义最本质的特征是中国共产党领导,中国特色社会主义制度的最大优势是中国共产党领导,中国共产党是最高政治领导力量,全党必须增强"四个意识"、坚定"四个自信"、做到"两个维护"。这深刻揭示了党的领导是党和国家的根本所在、命脉所在,是全国各族人民的利益所系、命运所系,标志着我们党对马克思主义建党学说、对中国特色社会主义规律的认识达到了新的高度。

坚持党的全面领导是坚持和发展中国特色社会主义的必由之路

中国产生了共产党，这是开天辟地的大事变，揭开了中国历史的新篇章，揭开了中华民族伟大复兴进程的新篇章。中国共产党一经诞生，就把为中国人民谋幸福、为中华民族谋复兴确立为自己的初心使命。我们党团结带领人民经过 28 年浴血奋斗，彻底结束了旧中国半殖民地半封建社会的历史，彻底结束了极少数剥削者统治广大劳动人民的历史，彻底结束了旧中国一盘散沙的局面，彻底废除了列强强加给中国的不平等条约和帝国主义在中国的一切特权，为实现中华民族伟大复兴创造了根本社会条件。回顾这段奋斗历程，可以让我们深刻认识坚持党的领导的重大意义：大革命失败血的教训，使我们党认识到领导权的极端重要性；坚持党在抗日民族统一战线中的领导权，保证了党成为全民族抗战的中流砥柱……历史和实践都充分表明，当党的全面领导坚持得彻底时，党和人民事业就会顺利推进；当党的全面领导被削弱时，党和人民事业就会走弯路甚至遭受挫折。

习近平总书记强调："中国特色社会主义是党和人民历经千辛万苦、付出巨大代价取得的根本成就，是实现中华民族伟大复兴的正确道路。"中国特色社会主义承载着几代中国共产党人的理想和探索，寄托着无数仁人志士的夙愿和期盼，凝聚着亿万人民的奋斗和牺牲。新中国成立后，为了实现中华民族伟大复兴，中国共产党

"五个必由之路"

团结带领中国人民，自力更生、发愤图强，创造了社会主义革命和建设的伟大成就，为实现中华民族伟大复兴奠定了根本政治前提和制度基础。"文化大革命"结束后，在党和国家面临何去何从的重大历史关头，是党深刻总结新中国成立以来正反两方面经验，及时把握历史发展机遇推进改革开放；当我们在改革开放中面对前所未有的问题和挑战，是党科学回答了建设中国特色社会主义的一系列基本问题；面对时代的变化和不断推进的社会主义现代化事业，是党根据国内外形势的发展和社会主要矛盾的变化，从发展新要求和人民新愿望出发，提出各个阶段的奋斗目标；在社会主义面临巨大挑战的惊涛骇浪中，是党领导人民坚决排除各种干扰，从容应对关系我国改革发展稳定全局的一系列风险考验。正是因为始终坚持党的全面领导，中国大踏步赶上了时代。

党的十八大以来，中国特色社会主义进入新时代。以习近平同志为核心的党中央旗帜鲜明提出，党的领导是党和国家的根本所在、命脉所在，是全国各族人民的利益所系、命运所系，全党必须自觉在思想上政治上行动上同党中央保持高度一致，提高科学执政、民主执政、依法执政水平，提高把方向、谋大局、定政策、促改革的能力，确保充分发挥党总揽全局、协调各方的领导核心作用。经过持续努力，党中央权威和集中统一领导得到有力保证，党的领导制度体系不断完善，党的领导方式更加科学，全党思想上更加统一、政治上更加团结、行动上更加一致，党的政治领导力、思想引领力、群众组织力、社会号召力显著增强。新时代党和国家事业取得历史性成就、发生历史性变革，不仅充分彰显了中国特色社会主义的强大生机活力，也有力证明了坚持党的全面领导是事关党和国家前途命运的重大问题，是坚持和发展中国特色社会主义的必由之路。只要坚定不移坚持党的全面领导、维护党中央权威和集中统一领导，全党全国人民就会拥有团结奋斗的强大政治凝聚力和发展自信心，就能集聚起守正创新、共克时艰的强大力量。

坚持党的全面领导需要深刻领会"两个确立"的决定性意义

党的历史表明，党和人民事业要兴旺发达，必须有一个坚强的领导集体，必须有一个全党高度拥戴的领导核心。长征途中的遵义会议，事实上确立了毛泽东同志在党中央和红军的领导地位，开始确立以毛泽东同志为主要代表的马克思主义正确路线在党中央的领导地位，开始形成以毛泽东同志为核心的党的第一代中央领导集体，开启了党独立自主解决中国革命实际问题新阶段，在最危急关头挽救了党、挽救了红军、挽救了中国革命。这在党的历史上是一个生死攸关的转折点。党的六届七中全会通过的《关于若干历史问题的决议》，使全党对中国革命基本问题的认识达到一致，"全党已经空前一致地认识了毛泽东同志的路线的正确性，空前自觉地团结在毛泽东的旗帜下了"。确立核心，自觉拥护核心，是中国革命能够不断走向胜利的根本保证。百年来，每到紧要关头、每临严峻考

"五个必由之路"

验,党的领导核心都能带领全党力挽狂澜,推动党和人民事业破浪前行。

船重千钧,掌舵一人。《决议》指出:"党确立习近平同志党中央的核心、全党的核心地位,确立习近平新时代中国特色社会主义思想的指导地位,反映了全党全军全国各族人民共同心愿,对新时代党和国家事业发展、对推进中华民族伟大复兴历史进程具有决定性意义。""两个确立"是党的十八大以来最重要的政治成果,体现了我们党深邃的历史智慧、高度的历史自觉和坚定的历史自信。

党的十八大以来,我们党确立习近平总书记党中央的核心、全党的核心地位,确立习近平新时代中国特色社会主义思想的指导地位,这是时代呼唤、历史选择、民心所向。习近平总书记是经过历史检验、实践考验、斗争历练的当之无愧的党的核心、人民领袖、军队统帅。习近平总书记对关系新时代党和国家事业发展的一系列重大理论和实践问题进行了深邃思考和科学判断,就新时代坚持和发展什么样的中国特色社会主义、怎样坚持和发展中国特色社会主义,建设什么样的社会主义现代化强国、怎样建设社会主义现代化强国,建设什么样的长期执政的马克思主义政党、怎样建设长期执政的马克思主义政党等重大时代课题,提出一系列原创性的治国理政新理念新思想新战略,是习近平新时代中国特色社会主义思想的主要创立者。习近平新时代中国特色社会主义思想是当代中国马克思主义、二十一世纪马克思主义,是中华文化和中国精神的时代精华,实现了马克思主义中国化新的飞跃。在习近平新时代中国特色社会主义思想指引下，全党全军全国各族人民砥砺前行，全面建成小康社会目标如期实现，党和国家事业取得历史性成就、发生历史性变革，彰显了中国特色社会主义的强大生机活力，党心军心民心空前凝聚振奋，为实现中华民族伟大复兴提供了更为完善的制度保证、更为坚实的物质基础、更为主动的精神力量，中华民族迎来了从站起来、富起来到强起来的伟大飞跃。当前，面对世界百年变局和世纪疫情交织的复杂形势，我们更要深刻领会"两个确立"的决定性意义，更要坚持党的全面领导。坚决维护习近平总书记的核心地位，始终忠诚核心、拥戴核心、维护核心、捍卫核心，全党就有定盘星，全国人民就有主心骨，中华"复兴"号巨轮就有掌舵者；确立习近平新时代中国特色社会主义思想的指导地位，我们党就能坚持正确前进方向，乘风破浪不迷航。我们要以高度政治自觉，深刻领会"两个确立"的决定性意义，做到"两个维护"，确保全党进一步统一思想、统一意志、统一行动，步调一致向前进。

坚持和完善党的领导制度体系

党的领导是全面的、系统的、整体的。坚持党的全面领导，就要健全总揽全局、协调各方的党的领导制度体系，把党的领导落实到国家治理各领域各方面各环节。党的十八大以来，党的领导制度体系不断得到健全，党领导人大、政府、政协、监察机关、审判机关、检察机关、武装力量、人民团体、企事业单位、基层群众性自

"五个必由之路"

治组织、社会组织等制度确保了党的全面领导作用。党坚持民主集中制，建立健全党对重大工作的领导体制，强化党中央决策议事协调机构职能作用，完善推动党中央重大决策落实机制，严格执行向党中央请示报告制度，强化政治监督，深化政治巡视，查处违背党的路线方针政策、破坏党的集中统一领导问题，清除"两面人"，保证了全党在政治立场、政治方向、政治原则、政治道路上同以习近平同志为核心的党中央保持高度一致。

在新的历史起点上坚持党的全面领导，需要进一步坚持和完善党的领导制度体系。坚持和完善不忘初心、牢记使命的制度，把不忘初心、牢记使命作为加强党的建设的永恒课题和全体党员、干部的终身课题，形成长效机制。完善坚定维护党中央权威和集中统一领导的各项制度，从制度层面确保全党深刻领会"两个确立"的决定性意义，增强"四个意识"、坚定"四个自信"、做到"两个维护"，自觉在思想上政治上行动上同以习近平同志为核心的党中央保持高度一致。健全为人民执政、靠人民执政各项制度，健全提高党的执政能力和领导水平制度，完善全面从严治党制度，确保党始终总揽全局、协调各方，始终成为中国特色社会主义事业坚强领导核心，将中国特色社会主义事业不断推向前进。

《人民日报》（2022年03月29日）

坚持党的全面领导不动摇

中央组织部党建研究所

山雄有脊，房固因梁。党的十九届六中全会通过的《中共中央关于党的百年奋斗重大成就和历史经验的决议》鲜明提出："中国共产党是领导我们事业的核心力量。中国人民和中华民族之所以能够扭转近代以后的历史命运、取得今天的伟大成就，最根本的是有中国共产党的坚强领导。"面对风雨来袭，中国共产党是中国人民最可靠的主心骨；不畏披荆斩棘，中国共产党是复兴征程上最坚强的领导核心。一百年来，党团结带领人民书写了中华民族几千年历史上最恢宏的史诗，绘就了人类发展史上的壮美画卷，中华民族伟大复兴展现出前所未有的光明前景。历史已经证明，创造中国奇迹的核心密码是坚持和加强党的全面领导；历史必将证明，坚持和加强党的全面领导，我们就能继续在人类的伟大时间历史中创造中华民族的伟大历史时间。

"五个必由之路"

中国共产党是领导我们事业的核心力量

一个国家实行什么样的主义、走什么样的道路、由什么政治力量来领导，关键要看能否解决这个国家面临的历史性课题。党的百年奋斗从根本上改变了中国人民的前途命运，开辟了实现中华民族伟大复兴的正确道路，展示了马克思主义的强大生命力，深刻影响了世界历史进程，并把自己锻造成为始终走在时代前列的马克思主义执政党。实践充分证明，我们党无愧为伟大光荣正确的党，党的坚强有力始终是我们战无不胜的根本保证。

党的领导是历史和人民的选择。中华民族是世界上古老而伟大的民族，创造了绵延五千多年的灿烂文明，为人类文明进步作出了不可磨灭的贡献。鸦片战争以后，由于西方列强入侵和封建统治腐败，中国逐步成为半殖民地半封建社会，国家蒙辱、人民蒙难、文明蒙尘，中华民族遭受了前所未有的劫难。为了拯救民族危亡，中国人民奋起反抗，仁人志士奔走呐喊。但无论是农民阶级还是地主阶级，无论是资产阶级改良派还是资产阶级革命派，都未能改变旧中国的社会性质和中国人民的悲惨命运。中国迫切需要新的思想引领救亡运动，迫切需要新的组织凝聚革命力量。十月革命一声炮响，给中国送来了马克思列宁主义。在中国人民和中华民族的伟大觉醒中，在马克思列宁主义同中国工人运动的紧密结合中，中国共产党应运而生，这是开天辟地的大事变。从此，中国人民谋求民族独立、人民解放和国家富强、人民幸福的斗争就有了主心骨，中国人民就从精神上由被动转为主动。

党的领导是保证党团结统一的关键所在。中国共产党是世界上最大的政党。对于我们这样一个大党,保证党的团结统一至关重要,维护党中央权威至关重要,这就必须在党中央层面形成坚强有力的领导集体和领导核心。党的百年奋斗史充分证明,什么时候全党坚定维护党的核心和党中央权威,党的领导就会加强,党的事业就不断取得胜利;反之,党的领导就会弱化,党的事业就会遭受挫折。党成立之初,由于没有成熟稳定的党中央领导集体和领导核心,革命事业几经挫折。直到遵义会议事实上确立了毛泽东同志在党中央和红军的领导地位,开始确立以毛泽东同志为主要代表的马克思主义正确路线在党中央的领导地位,开始形成以毛泽东同志为核心的党的第一代中央领导集体,中国革命事业才转危为安,党才能不断从胜利走向胜利。新中国成立后,毛泽东同志强调,"领导我们事业的核心力量是中国共产党","工、农、商、学、兵、政、党这七个方面,党是领导一切的","必须有中央的强有力的统一领导,必须有全国的统一计划和统一纪律"。改革开放后,邓小平同志强调,"中央要有权威。改革要成功,就必须有领导有秩序地进行";"任何一个领导集体都要有一个核心,没有核心的领导是靠不住的……要有意识地维护一个核心"。党的十八大以来,我们党确立习近平同志党中央的核心、全党的核心地位,确立习近平新时代中国特色社会主义思想的指导地位,反映了全党全军全国各族人民共同心愿,对新时代党和国家事业发展、对推进中华民族伟大复兴历史进程具有决定性意义。

党的领导是党和国家事业兴旺发达的根本保证。党自成立起就肩负着争取民族独立、人民解放和国家富强、人民幸福的历史任务，始终把为中国人民谋幸福、为中华民族谋复兴作为自己的初心使命，团结带领人民创造了新民主主义革命、社会主义革命和建设、改革开放和社会主义现代化建设、新时代中国特色社会主义的伟大成就。一百年前，中国积贫积弱、人民蒙受劫难，中华民族饱受列强欺凌；今天国家繁荣富强、人民幸福安康，中华民族迎来了从站起来、富起来到强起来的伟大飞跃，实现中华民族伟大复兴进入了不可逆转的历史进程。历史已经证明并将继续证明，没有中国共产党，就没有新中国，就没有中华民族伟大复兴。

以习近平同志为核心的党中央在坚持党的全面领导上的重大理论贡献和丰硕实践成果

党的十八大以来，习近平总书记旗帜鲜明提出坚持党的全面领导这一重大政治命题，创造性地提出中国特色社会主义最本质的特征是中国共产党领导，中国特色社会主义制度的最大优势是中国共产党领导，中国共产党是最高政治领导力量。以习近平同志为核心的党中央，以伟大的历史主动精神、巨大的政治勇气、强烈的责任担当，切实把党的领导落实到改革发展稳定、内政外交国防、治党治国治军等各领域各方面各环节，解决了许多长期想解决而没有解决的难题，办成了许多过去想办而没有办成的大事，推动党和国家事业取得历史性成就、发生历史性变革。

坚决维护党的核心和党中央权威，是坚持党的全面领导的核心要义。党的领导是党和国家的根本所在、命脉所在，是全国各族人民的利益所系、命运所系。坚持党的领导，首要的、根本的是坚决维护习近平总书记的核心地位，坚决维护党中央权威和集中统一领导，这是党的领导的最高原则。在国家治理体系的大棋局中，党中央是坐镇中军帐的"帅"，党中央重大决策部署，是全党全军全国各族人民统一思想、统一意志、统一行动的依据。在党的组织制度中，党的全国代表大会和它所产生的中央委员会是党的最高领导机关，中央委员会、中央政治局、中央政治局常务委员会是党的组织体系的大脑和中枢，这就要求各级党组织和全体党员必须坚决维护习近平总书记党中央的核心、全党的核心地位，坚决维护党中央权威和集中统一领导。

全面的、系统的、整体的领导，是坚持党的全面领导的内在要求。坚持和加强党的全面领导是全面的、系统的、整体的。所谓"全面"，是指领导对象要全面覆盖，"党政军民学，东西南北中，党是领导一切的"，包括党领导人大、政府、政协、监察机关、审判机关、检察机关、武装力量、人民团体、企事业单位、基层群众性自治组织、社会组织等；领导内容要全面，必须体现到经济建设、政治建设、文化建设、社会建设、生态文明建设和国防军队、祖国统一、外交工作、党的建设等各方面；领导过程要全面，既制定路线方针政策，又协调各方、督促落实，贯穿于治国理政的立法、决策、执行、管理、监督等各项工作之中；领导方法要全面，通过制定大政方针，提出立法建议，推荐重要干部，进行思想宣传，发挥党组织和党员的作用等，实施党对国家和社会的领导。所谓"系统"，是指按照系统论的科学方式方法实施领导。中国特色社会主义制度是一个严密完整的科学制度体系，起四梁八柱作用的是根本制度、基本制度、重要制度，其中中国共产党的领导是载入宪法的，党的领导制度是我国的根本领导制度、居于统领地位。所谓"整体"，是指从党的中央组织到地方组织再到基层组织，都要按照党章的规定发挥应有作用，党的领导作用要体现到治国理政的全过程，领导功能的发挥要完整。全面、系统、整体三者融为一体，既要坚持领导，又要善于领导。

贯彻落实民主集中制，是坚持党的全面领导的根本保证。民主集中制是我们党的根本组织原则和领导制度，是马克思主义政党区别于其他政党的重要标志。民主集中制包括民主和集中两个方面，两者互为条件、相辅相成、缺一不可。在充分发扬民主的基础上进行集中，坚持党中央权威和集中统一领导，集中全党智慧，体现全党共同意志。这样做，既有利于做到科学决策、民主决策、依法决策，避免发生重大失误甚至颠覆性错误；又有利于克服分散主义、本位主义，避免议而不决、决而不行，形成推进党和国家事业发展的强大合力。

确保党始终总揽全局、协调各方，是坚持党的全面领导的重要原则。坚持和加强党的全面领导不是空洞的、抽象的，而是具体的、实实在在的，必须找准"总揽全局、协调各方"的功能定位。总揽，不是事无巨细都抓在手上。要统筹抓好，绝不能陷入事务主义，不能包办具体事务，不要越俎代庖。党中央发挥"总揽全局、协调各方"的作用，体现在统揽各项工作，整体推进党和国家各方面事业；体现在统揽各方力量，领导各级各类组织和广大党员、干部、群众一体行动；体现在统揽国家治理，坚持和完善中国特色社会主义制度、推进国家治理体系和治理能力现代化。每一个党组织、每一名党员干部，无论处在哪个领域、哪个层级、哪个部门和单位，都要坚决维护党的核心和党中央权威，自觉在思想上政治上行动上同党中央保持高度一致，着力提高党把方向、谋大局、定政策、促改革的能力，确保充分发挥党总揽全局、协调各方的领导核心作用。

党的十八大以来，以习近平同志为核心的党中央，在坚持党的领导这个根本问题上理直气壮、旗帜鲜明，强化问题导向，针对一个时期党内存在的坚持党的领导认识模糊、行动乏力问题，存在不少落实党的领导弱化、虚化、淡化、边缘化问题，特别是对党中央重大决策部署执行不力，有的搞上有政策、下有对策，甚至口是心非、擅自行事等问题，采取有力措施果断予以解决。坚持把党的政治建设摆在首位，制定关于新形势下党内政治生活的若干准则，出台中央政治局加强和维护党中央集中统一领导的若干规定等，严明政治纪律和政治规矩，防止和反对个人主义、分散主义、自由主义、本位主义、好人主义等，发展积极健康的党内政治文化，推动营造

"五个必由之路"

风清气正的良好政治生态。建立健全党对重大工作的领导体制,强化党中央决策议事协调机构职能作用,完善推动党中央重大决策落实机制,严格执行向党中央请示报告制度。强化政治监督,深化政治巡视,查处违背党的路线方针政策、破坏党的集中统一领导问题,清除"两面人",保证全党在政治立场、政治方向、政治原则、政治道路上同党中央保持高度一致。经过全党不懈努力,党中央权威和集中统一领导得到有力保证,党的领导制度体系不断完善,党的领导方式更加科学,全党思想上更加统一、政治上更加团结、行动上更加一致,党的政治领导力、思想引领力、群众组织力、社会号召力显著增强。

把党的全面领导贯穿党的建设和组织工作全过程各方面

历史发展是连续性和阶段性的统一,一个时期有一个时期的历史使命和任务,一代人有一代人的历史担当和责任。站在新的历史起点上,我们要牢记"中国共产党是什么、要干什么"这个根本问题,永葆自我革命精神,居安思危,时刻警惕我们这个百年大党,会不会变得老态龙钟、疾病缠身,对党的历史上走过的弯路、经历的曲折不能健忘失忆,对中外政治史上那些安于现状、死于安乐的深刻教训不能健忘失忆,对自身存在的问题不能反应迟钝。我们必须坚持历史自信,保持战略定力,锚定战略目标,牢记"国之大者",准确把握新时代党的建设新的伟大工程的重点任务,大力弘扬伟大建党精神，以永远在路上的坚定和执着，坚持党要管党、全面从严治党，确保党不变质、不变色、不变味，在实现中华民族伟大复兴的历史进程中始终成为坚强领导核心。

坚持以党的政治建设为统领。党的政治建设是我们党作为马克思主义政党的鲜明特征和政治优势，决定着党的全面领导的本质和方向，根本要求是坚决做到"两个维护"。做到"两个维护"必须是全面的，要在思想上政治上行动上全方位向习近平总书记看齐、向党中央看齐，做到表里如一、知行合一；必须是具体的，要不折不扣贯彻落实习近平总书记重要讲话、重要指示批示精神和党中央决策部署，充分体现在履职尽责、做好本职工作的实效上，体现在党员干部的日常言行上；必须是坚定的，党中央提倡的坚决响应，党中央决定的坚决照办，党中央禁止的坚决杜绝，任何时候任何情况下都做到政治立场不移、政治方向不偏，确保全党在以习近平同志为核心的党中央坚强领导下，团结成"一块坚硬的钢铁"，步调一致向前进。

用新时代党的创新理论凝神铸魂。伟大领袖领航伟大时代，伟大思想引领伟大征程。习近平新时代中国特色社会主义思想深刻回答了一系列重大时代课题，提出一系列原创性的治国理政新理念新思想新战略，形成了系统全面、逻辑严密、内涵丰富、内在统一的科学体系，是当代中国马克思主义、二十一世纪马克思主义，是中华文化和中国精神的时代精华，实现了马克思主义中国化新的飞跃。必须用习近平新时代中国特色社会主义思想武装头脑、统一思

"五个必由之路"

想、凝聚力量、推动实践,深刻把握贯穿其中的马克思主义立场观点方法,坚持用党的理想信念凝聚人,用社会主义核心价值观培育人,用中华民族伟大复兴历史使命激励人,不断提高全党马克思主义理论水平,不断提高广大党员干部的政治判断力、政治领悟力、政治执行力,真正做到学思用贯通、知信行统一,共同把党的创新理论转化为推进中华民族伟大复兴的实践力量。各级党委及其组织部门要自觉用党的科学理论指导党的建设和组织工作,结合新的实际推进改革创新,使各项工作更好体现时代性、把握规律性、富于创造性。

建立上下贯通、执行有力的严密组织体系。党的全面领导、党的全部工作要靠党的坚强组织体系去实现。我们党是按照马克思主义建党原则建立起来的,形成了包括党的中央组织、地方组织、基层组织在内的严密组织体系,这是世界上任何其他政党都不具有的强大优势。党的中央组织、地方组织、基层组织都坚强有力、充分发挥作用,党的组织体系的优势和威力才能充分体现出来。只有党的各级组织都健全、都过硬,形成上下贯通、执行有力的严密组织体系,党的领导才能"如身使臂,如臂使指"。要坚持"造形"和"铸魂"一体推进,着力固根基、扬优势、补短板、强弱项,着力提高各级党组织政治领导力、思想引领力、群众组织力、社会号召力。要抓好"最初一公里",把中央和国家机关建设成为讲政治、守纪律、负责任、有效率的模范机关;要抓好"中间段",把地方党委建设成为坚决听从党中央指挥、管理严格、监督有力、班子团结、风气纯正的坚强组织；要抓好"最后一公里"，实现党的组织和党的工作全面有效覆盖，着力增强各领域党组织政治功能和组织功能，把基层党组织建设成为实现党的领导的坚强战斗堡垒。

抓好后继有人这个根本大计。党和人民事业发展需要一代代中国共产党人接续奋斗，党实现长期执政需要培养造就大批堪当时代重任的接班人。要源源不断培养选拔德才兼备、忠诚干净担当的高素质专业化干部特别是优秀年轻干部，教育引导广大党员、干部自觉做习近平新时代中国特色社会主义思想的坚定信仰者和忠实实践者，牢记空谈误国、实干兴邦的道理，树立不负人民的家国情怀、追求崇高的思想境界、增强过硬的担当本领。要源源不断把各方面先进分子特别是优秀青年吸收到党内来，教育引导青年党员永远以党的旗帜为旗帜、以党的方向为方向、以党的意志为意志，赓续党的红色血脉，弘扬党的优良传统，在斗争中经风雨、见世面、壮筋骨、长才干。要源源不断培养造就爱国奉献、勇于创新的优秀人才，真心爱才、悉心育才、精心用才，把各方面优秀人才集聚到党和人民的伟大奋斗中来。

建立健全党的建设制度体系。制度建设在党和国家事业中发挥着重要作用，既保障了党的全面领导，又增强了党的创造力、凝聚力、战斗力。要提高制度制定质量，持续深化党的建设制度改革，坚持和完善民主集中制的根本领导制度，强化"两个维护"的制度保障，把中央要求、群众期盼、实际需要、新鲜经验结合起来，精准科学建章立制，形成内容协调、程序严密、配套完善、有效管用的党内法规制度体系。要提高制度执行实效，健全权威高效的制度执行机制，引导广大党员干部特别是领导干部强化制度意识，带头维护制度权威，严格按照制度履行职责、行使权力、开展工作，切实将党的制度优势转化为国家治理效能。

持之以恒正风肃纪反腐。一个政党、一个政权，其前途命运取决于人心向背。人民群众反对什么、痛恨什么，我们就要坚决防范和打击什么。正风肃纪反腐只有进行时，没有完成时。要坚持严的主基调，突出"关键少数"，实行更高的标准，进行更严的管理，特别是管住管好一把手。要毫不松懈纠治"四风"，建立长效机制，锲而不舍落实中央八项规定精神，持续整治形式主义、官僚主义，切实解决群众反映强烈、侵害群众利益的突出问题，进一步密切党同人民群众的血肉联系。坚持把纪律挺在前面，强化政治纪律和组织纪律，带动各项纪律全面严起来，促使党员干部增强严的意识和纪律观念。要深化党史党性党风党纪教育，严肃党内政治生活，引导党员干部解决好世界观、人生观、价值观这个"总开关"问题，筑牢拒腐防变的思想道德防线。坚定不移推进反腐败斗争，不断实现不敢腐、不能腐、不想腐一体推进战略目标，使党在革命性锻造中更加坚强有力。

《求是》（2021 年第 23 期）

坚持党的全面领导是坚持和发展中国特色社会主义的必由之路

张占斌

习近平总书记关于"五个必由之路"的论述，概括了新时代党和人民奋进历程的重要经验。其中，"坚持党的全面领导是坚持和发展中国特色社会主义的必由之路"的重大论断，从政治保障和科学领导的角度，回答了中国特色社会主义是什么、为什么好、怎么坚持和发展的问题。深入理解这一首要和基本论断，有助于我们深入把握党的百年奋斗历史经验，看清楚过去我们为什么能够成功，弄明白未来我们怎样才能继续成功，不断坚持和发展中国特色社会主义，在实践中展现人类社会最美好的图景。

首先，中国共产党领导是中国特色社会主义最本质的特征。中国特色社会主义有多层面的本质特征，而党的领导是最本质的特征，直接关系着中国特色社会主义的性质、方向和命运。一方面，共产主义远大理想和社会主义信念是共产党人的根本价值追求，为

"五个必由之路"

人民谋幸福、为民族谋复兴是共产党人的初心和使命,党的领导地位来自推动社会主义建设事业的历史使命;另一方面,我们党是中国工人阶级的先锋队,同时是中国人民和中华民族的先锋队,党的领导是社会主义事业的灵魂和核心,中国特色社会主义道路本身就是党领导人民一步步走出来的。

党的百年奋斗历史证明,坚持党的全面领导,党和人民事业就健康发展;弱化党的全面领导,党和人民事业就受到挫折。社会主义美好愿景催生了中国共产党,中国共产党的全面领导成就了社会主义。党的领导地位和执政地位,是历史的选择、人民的选择。党的十八大以来,以习近平同志为核心的党中央,明确中国特色社会主义最本质的特征是中国共产党领导,中国特色社会主义制度的最大优势是中国共产党领导,中国共产党是最高政治领导力量,全党必须增强"四个意识"、坚定"四个自信"、做到"两个维护";深化党和国家机构改革,健全党的全面领导工作体系,完善党内民主集中制,严明党的政治纪律和政治规矩,营造积极健康的党内文化,使全党思想认识更加统一、制度体系更加健全、党的集中统一领导更加坚强有力。

其次,党的全面领导赋予中国特色社会主义强大生机和活力。党的全面领导赋予中国特色社会主义信仰的力量、团结的力量。作为使命型、实践型政党,共产主义理想信念始终是我们党的强大精神支柱,团结奋斗是中国共产党和中国人民最显著的精神标识。百年历程中,党充分发挥总揽全局、协调各方的领导核心作用，带领全国各族人民坚定信心、团结一心，敢于斗争、善于斗争，战胜了前进道路上的各种困难挑战，创造了令世人刮目相看的发展奇迹。夺取新时代中国特色社会主义新胜利，从根本上讲还是要靠党的全面领导这个"定海神针"。

党的全面领导赋予中国特色社会主义真理的力量、知识的力量。作为学习型、理论创新型政党，党的性质和使命要求党必须注重学习、善于学习、不断学习。党的领导是唯物史观与中国实际相结合的体现。坚持党的全面领导要在深入把握人类社会发展规律、社会主义建设规律、共产党执政规律的基础上，持续提升自身的领导能力和水平，不断认识和改造世界。特别是为在新发展阶段完整、准确、全面贯彻新发展理念，加快构建新发展格局，推动高质量发展，加快实现科技自立自强，提供了强大思想武器。

党的全面领导赋予中国特色社会主义人民的力量、进步的力量。作为服务型、先进型政党，为人民服务是党的性质和宗旨。党的根基在人民、血脉在人民、力量在人民。为人民而生，因人民而兴，始终同人民在一起，为人民利益而奋斗，是我们党立党兴党强党的根本出发点和落脚点。人民群众是先进生产力和先进文化的创造主体，是推动经济社会发展的主体力量。我们党所领导的中国特色社会主义事业，是根植于中国人民意愿、适应中国和时代发展要求的事业。

党的全面领导赋予中国特色社会主义忠诚的力量、纪律的力

"五个必由之路"

量。作为自觉型、革命型政党，我们党能够战胜一切困难，取得社会主义革命和建设的胜利，关键在于忠诚于人民，始终不忘初心使命，严守规矩纪律，在推动社会革命的同时进行彻底的自我革命。党的十八大以来，我们党坚持党要管党、全面从严治党不放松，以刀刃向内的勇气向党内顽瘴痼疾开刀，坚决防止和反对个人主义、分散主义、自由主义、本位主义、好人主义等，有力促进了党的全面领导、党中央集中统一领导。

最后，坚持党的全面领导，不断满足人民对美好生活的向往。坚持正确的思想方法，关键是采取积极的行动。我们要在历史风云中看清楚为什么坚持党的全面领导，更要弄明白未来如何弘扬马克思主义理论的"行"，保持中国共产党领导的"能"，续写中国特色社会主义的"好"。要把对党的领导的理性认识转化为信仰和笃行。同时，把握总体形势，顺势而为，深入研究新形势下加强党的全面领导的特点和规律，改进领导方式和方法，提高领导工作水平，使形势向着最有利于实现党的全面领导方向发展，确保党始终成为中国特色社会主义事业的坚强领导核心。

坚持党的全面领导，要持续发力，久久为功。领导中国特色社会主义事业，必须以最广大人民根本利益为我们一切工作的根本出发点和落脚点，坚持把人民拥护不拥护、赞成不赞成、高兴不高兴作为加强和改进党的全面领导的依据。当前，我国发展不平衡不充分问题仍然突出，我们要彰显党的全面领导的体制优势，克服各种形式的领导弱化、虚化、淡化，解决对党中央重大决策部署执行不力等问题，有力地确保党始终发挥总揽全局、协调各方的领导核心作用，大力解放、发展和保护生产力，努力推动高质量发展和高品质生活，让改革发展成果更多更公平惠及全体人民，朝着实现全体人民共同富裕的目标稳步前进。

《光明日报》（2022 年 04 月 07 日）

>> 拓展阅读

坚持党的全面领导，走好必由之路

兰琳宗

习近平总书记在参加十三届全国人大五次会议内蒙古代表团审议时，回顾新时代党和人民奋进历程，用"五个必由之路"系统阐明新时代更加坚定的重要认识，深刻揭示了中国答卷背后的成功密码。其中第一个就是，坚持党的全面领导是坚持和发展中国特色社会主义的必由之路。只要坚定不移坚持党的全面领导、维护党中央权威和集中统一领导，我们就一定能够确保全党全国拥有团结奋斗的强大政治凝聚力、发展自信心，集聚起万众一心、自信自强的强大力量。

办好中国的事情，关键在党。党的领导是党和国家事业不断发展的"定海神针"。党的十八大以来，以习近平同志为核心的党中央旗帜鲜明、立场坚定，将坚持和加强党的全面领导作为治国理政的最根本原则，一改一段时期党的领导淡化弱化虚化边缘化问题，校正了党和国家前进的航向。不仅要"坚持"，还要

"加强"；不仅要"领导"，还要"全面领导"。将中国共产党领导这一"中国特色社会主义最本质的特征"载入党章和宪法；在党中央组建一系列顶层机构，全面加强党对全面深化改革、全面依法治国、财经、外事、国家安全、网信等重大工作的领导；将党的领导贯彻和融入到意识形态、国有企业治理、高校领导体制、群团组织建设等各领域各方面工作之中；坚定不移全面从严治党，系统性重塑党的肌体和灵魂，党在革命性锻造中更加坚强有力……一系列基础性、创制性、战略性举措，使党中央权威和集中统一领导得到有力保证，党的领导制度体系不断完善，党的领导方式更加科学，全党思想上更加统一、政治上更加团结、行动上更加一致，党的政治领导力、思想引领力、群众组织力、社会号召力显著增强。

中国特色社会主义最本质的特征是中国共产党领导，中国特色社会主义制度的最大优势是中国共产党领导。回望来路，无论是创造经济发展奇迹，成为世界第二大经济体，还是持续向贫困宣战，解决千百年来困扰中华民族的绝对贫困问题；无论是全力抗击新冠肺炎疫情、挽救无数生命，还是克服重重阻力，为世界奉献了一届"真正无与伦比的冬奥会"；无论是提出小康社会目标，不断改善人民生活，还是全面建成小康社会，开启全面建设社会主义现代化国家新征程，中国特色社会主义取得的一切进步和成就，中国人民战胜的一切困难和险阻，根本在于始终坚持党的全面领导，党中央的判断力、决策力、行动力具有决定性作用。广

"五个必由之路"

大人民群众深切感受到，风雨袭来时，党的坚强领导、党中央的权威是最坚实的靠山。

坚持党的领导，首先是坚持党中央权威和集中统一领导，这是党的领导的最高原则。全党有核心，党中央才有权威，党和国家才有力量。进入新时代，习近平总书记带领全党全军全国各族人民迎难而上、开拓进取，解决了许多长期想解决而没有解决的难题，办成了许多过去想办而没有办成的大事。在进行具有许多新的历史特点的伟大斗争中，习近平总书记众望所归、当之无愧地成为党中央的核心、全党的核心，习近平新时代中国特色社会主义思想实现了马克思主义中国化新的飞跃。党的十九届六中全会以历史决议形式作出重大政治论断，"党确立习近平同志党中央的核心、全党的核心地位，确立习近平新时代中国特色社会主义思想的指导地位，反映了全党全军全国各族人民共同心愿，对新时代党和国家事业发展、对推进中华民族伟大复兴历史进程具有决定性意义。"全党更加深刻认识到"两个确立"的决定性意义，在"两个维护"上更加坚定自觉、执着真挚。

万山磅礴有主峰。正是在党的全面领导下，我们才取得了举世瞩目的发展成就，实现中华民族伟大复兴进入了不可逆转的历史进程。新征程上，我们不知还要爬多少坡、过多少坎、经历多少风风雨雨、克服多少艰难险阻，全面建成社会主义现代化强国，根本还是要靠党的全面领导。在坚持党的领导这个重大原则问题上，我们绝不能有任何含糊和动摇。要始终坚定正确政治方向，始终坚持和加强党的全面领导，完善和健全党的全面领导制度，坚持不懈把全面从严治党向纵深推进，毫不动摇把党的领导这个最本质特征坚持好、这个最大优势发挥好，不断书写新时代中国特色社会主义壮丽篇章。

《中国纪检监察报》（2022年03月11日）

第三编

中国特色社会主义是实现中华民族伟大复兴的必由之路。只要始终不渝走中国特色社会主义道路，我们就一定能够不断实现人民对美好生活的向往，不断推进全体人民共同富裕。

中国特色社会主义是实现中华民族伟大复兴的必由之路

2012年11月29日,北京,国家博物馆。党的十八大刚刚闭幕不久,习近平总书记来到这里,参观《复兴之路》基本陈列。一幅幅图片,一张张图表,一件件实物,一段段视频,把人们带回了近代以来跌宕起伏、波澜壮阔的难忘岁月。回顾近代以来中国人民为实现民族复兴走过的历史进程,习近平总书记深刻指出:"改革开放以来,我们总结历史经验,不断艰辛探索,终于找到了实现中华民族伟大复兴的正确道路,取得了举世瞩目的成果。这条道路就是中国特色社会主义。"这是对历史的精辟总结,也是接续奋斗的庄严宣示。

方向决定道路,道路决定命运。在参加十三届全国人大五次会议内蒙古代表团审议时，习近平总书记回顾新时代党和人民奋进历程，高度概括了这一历程中形成的"五个必由之路"重要认识，其中一个重要认识就是"中国特色社会主义是实现中华民族伟大复兴的必由之路"。这一重要论断，深刻阐明了我们为什么能够成功、我们怎样才能继续成功，为我们不断实现人民对美好生活的向往、不断推进全体人民共同富裕指明了前进方向。

一个国家实行什么样的主义，关键要看这个主义能否解决这个国家面临的历史性课题。在中华民族积贫积弱、任人宰割的时期，各种主义和思潮都进行过尝试，但都没能解决中国的前途和命运问题。是马克思列宁主义、毛泽东思想引导中国人民走出了漫漫长夜、建立了新中国，是中国特色社会主义使中国快速发展起来了。党的十八大以来，以习近平同志为核心的党中央不断深化对社会主义建设规律的认识，统筹推进"五位一体"总体布局、协调推进"四个全面"战略布局，在坚持和发展中国特色社会主义"这篇大文章"中书写了浓墨重彩的篇章，实现中华民族伟大复兴进入了不可逆转的历史进程。历史和现实都告诉我们，只有社会主义才能救中国，只有中国特色社会主义才能发展中国，只有坚持和发展中国特色社会主义才能实现中华民族伟大复兴。这是历史的结论、人民的选择。

道路走得怎么样，最终要用事实来说话、由人民来评判。这是载入历史的伟大跨越：我国经济总量从2012年的50多万亿元增长到2021年的逾114万亿元，我们解决了许多长期想解决而没有解决的难题，办成了许多过去想办而没有办成的大事；这是彪炳史册的人间奇迹：党的十八大以来，平均每年1000多万人脱贫，相当于一个中等国家的人口脱贫，脱贫攻坚的阳光照耀到了每一个角落；这是让世界惊叹的大国风范：与147个国家、32个国际组织签署共建"一带一路"合作文件，经济发展和疫情防控保持全球领先，承诺以全球最短时间实现从碳达峰到碳中和的跨越……党和国家事业取得的历史性成就、发生的历史性变革，彰显了中国特色社会主义的强大生机活力，为实现中华民族伟大复兴提供了更为完善的制度保证、更为坚实的物质基础、更为主动的精神力量。事实雄辩地证明：中国特色社会主义是根植于中国大地、反映中国人民意愿、适应中国和时代发展进步要求的科学社会主义。这条路，走得通、走得对、走得好。

找到一条好的道路不容易，走好这条道路更不容易。中国特色社会主义这条道路，我们看准了、认定了，必须坚定不移走下去。《庄子·秋水》中写道："且子独不闻夫寿陵余子之学行于邯郸与？未得国能，又失其故行矣，直匍匐而归耳。"2013年1月5日，在新进中央委员会的委员、候补委员学习贯彻党的十八大精神研讨班上，习近平总书记引用这句话告诫全党："我们千万不能'邯郸学步，失其故行'。我们就是把马克思主义中国化，就是搞中国特色社会主义。"我们决不能因为胜利而骄傲，决不能因为成就而懈怠，决不能因为困难而退缩，必须勇于改革创新，勇于迎难而上，勇于担当尽责，不断交出新时代坚持和发展中国特色社会主义的合格答卷。

梦在前方，路在脚下；征途漫漫，惟有奋斗。只要我们坚持独立自主走自己的路，毫不动摇坚持和发展中国特色社会主义，我们就一定能在人类的伟大时间历史中创造中华民族的伟大历史时间！

明确坚持和发展中国特色社会主义的总任务

中共国务院发展研究中心党组

《中共中央关于党的百年奋斗重大成就和历史经验的决议》（以下简称《决议》）用"十个明确"对习近平新时代中国特色社会主义思想的核心内容进一步作出系统概括，指出习近平新时代中国特色社会主义思想"明确坚持和发展中国特色社会主义，总任务是实现社会主义现代化和中华民族伟大复兴，在全面建成小康社会的基础上，分两步走在本世纪中叶建成富强民主文明和谐美丽的社会主义现代化强国，以中国式现代化推进中华民族伟大复兴"。这一重要论述，阐明了坚持和发展中国特色社会主义的总任务，阐明了建设社会主义现代化强国的战略安排，阐明了要以中国式现代化推进中华民族伟大复兴，对于我们在以习近平同志为核心的党中央坚强领导下胜利实现第二个百年奋斗目标具有重要指导意义。

总任务指明了中国特色社会主义的奋斗目标

我们党自诞生之日起，就把为中国人民谋幸福、为中华民族谋复兴作为自己的初心使命，把实现国家现代化作为践行初心使命的基本途径和矢志不渝的奋斗目标。新中国成立后，在不同历史时期，我们党均提出了与时代条件相适应的现代化建设目标任务。

社会主义革命和建设时期，党面临的主要任务是，实现从新民主主义到社会主义的转变，进行社会主义革命，推进社会主义建设，为实现中华民族伟大复兴奠定根本政治前提和制度基础。社会主义改造基本完成后，党明确提出国内主要矛盾已经转变为人民对于经济文化迅速发展的需要同当前经济文化不能满足人民需要的状况之间的矛盾，并据此明确全国人民的主要任务是集中力量发展社会生产力，实现国家工业化，逐步满足人民日益增长的物质和文化需要。党提出努力把我国逐步建设成为一个具有现代农业、现代工业、现代国防和现代科学技术的社会主义强国，领导人民开展了全面的大规模的社会主义建设。

改革开放和社会主义现代化建设新时期，党面临的主要任务是，继续探索中国建设社会主义的正确道路，解放和发展社会生产力，使人民摆脱贫困、尽快富裕起来，为实现中华民族伟大复兴提供充满新的活力的体制保证和快速发展的物质条件。在这一时期，党坚持解放思想、实事求是，进一步明确我国社会主要矛盾是人民日益增长的物质文化需要同落后的社会生产之间的矛盾，明确解

"五个必由之路"

决这个主要矛盾就是我们的中心任务。为了加快推进社会主义现代化，党领导人民不懈奋斗，取得一系列重大成就。

中国特色社会主义进入新时代，以习近平同志为核心的党中央准确把握时代特征和我国发展新的历史方位，明确坚持和发展中国特色社会主义的总任务是实现社会主义现代化和中华民族伟大复兴，为我们在新时代坚持和发展中国特色社会主义指明了方向。

明确总任务，是在新的时代条件下完成好我们党肩负的历史使命的需要。习近平总书记指出："我们党领导人民进行革命建设改革，就是要让中国人民富裕起来，国家强盛起来，振兴伟大的中华民族。"当今世界，百年变局加速演进，外部环境复杂严峻，各种风险挑战层出不穷。与此同时，我国社会主要矛盾已经转化为人民日益增长的美好生活需要和不平衡不充分的发展之间的矛盾，人民美好生活需要日益广泛。中华民族伟大复兴展现出前所未有的光明前景，但前进路上还会面临各种可以预料和难以预料的风险挑战。明确总任务，有利于坚定中国特色社会主义道路自信、理论自信、制度自信、文化自信，不为任何风险所惧，不为任何干扰所惑，以咬定青山不放松的执着奋力实现既定目标，以行百里者半九十的清醒不懈推进中华民族伟大复兴。

明确总任务，指明了新时代全体人民的奋斗方向，汇聚起实现第二个百年奋斗目标的磅礴力量。我们党在不同历史时期，总是根据人民意愿和事业发展需要，提出富有感召力的奋斗目标，团结带领人民为之奋斗。党的十八大以来，以习近平同志为核心的党中央领导全党全国各族人民砥砺前行，如期全面建成小康社会，实现了第一个百年奋斗目标。习近平总书记指出："全面建成小康社会不是终点，而是新生活、新奋斗的起点。"明确总任务，有利于凝聚起亿万人民心往一处想、劲往一处使的磅礴力量，朝着全面建成社会主义现代化强国的第二个百年奋斗目标不断前进。

分两步走在本世纪中叶建成社会主义现代化强国

新中国成立后，为使我国尽快从落后的农业国变为先进的工业国，我们党在上世纪50年代就开始对我国现代化建设作出部署。1964年的《政府工作报告》提出分两步实现"四个现代化"的战略部署："第一步，建立一个独立的比较完整的工业体系和国民经济体系；第二步，全面实现农业、工业、国防和科学技术的现代化，使我国经济走在世界前列"。改革开放后，基于对国情更加清醒的认识，我们党逐步形成了从解决温饱到实现小康、再到基本实现现代化的"三步走"战略构想。随着温饱问题的解决和总体小康的实现，党的十五大提出了以2010年、建党一百年和新中国成立一百年为时间节点的"新三步走"发展战略，党的十六大提出了在本世纪头20年全面建设惠及十几亿人口的更高水平的小康社会的奋斗目标，党的十八大提出了全面建成小康社会的战略安排。

在党的十九大上，以习近平同志为核心的党中央对我国现代化建设作出了从2020年到本世纪中叶分两个阶段来安排的战略构想，即从 2020 年到 2035 年，在全面建成小康社会的基础上，再奋斗 15 年，基本实现社会主义现代化；从 2035 年到本世纪中叶，在基本实现现代化的基础上，再奋斗 15 年，把我国建成富强民主文明和谐美丽的社会主义现代化强国。这一战略安排是从我国发展新要求出发，在正确研判我国所处发展阶段、发展面临的内外部条件变化的基础上作出的。它将基本实现社会主义现代化这一目标的时间节点从本世纪中叶提前到 2035 年，并将第二个百年奋斗目标充实提升为建成富强民主文明和谐美丽的社会主义现代化强国，科学擘画了我国未来发展的宏伟蓝图。

始终坚持我国现代化建设的正确方向

习近平总书记指出："现代化不是单选题。历史条件的多样性，决定了各国选择发展道路的多样性。"现代化是人类社会发展的趋势，但世界上不存在定于一尊的现代化模式，也不存在放之四海而皆准的现代化标准。基于对共产党执政规律、社会主义建设规律、人类社会发展规律的深刻认识和对中国国情的科学把握，习近平总书记强调，我们建设的现代化必须是具有中国特色、符合中国实际的，"我国现代化是人口规模巨大的现代化，是全体人民共同富裕的现代化，是物质文明和精神文明相协调的现代化，是人与自然和谐共生的现代化，是走和平发展道路的现代化"。以中国式现代化推进中华民族伟大复兴，必须坚持以习近平新时代中国特色社会主义思想为指导，始终坚持我国现代化建设的正确方向。

人口规模巨大的现代化。中国式现代化是十几亿人口的现代化。如此大规模的人口实现现代化，意味着比现在所有发达国家人口总和还要多的人民将进入现代化行列，这在世界历史上是前所未有的，必将极大改写世界现代化的版图，对人类发展史产生重大而深远的影响。如此大规模的人口实现现代化，其任务之艰巨，所面临的挑战之严峻，所遇到的困难之巨大，在人类历史上也是前所未有的。我们要在中国共产党的坚强领导下，探索出更高质量推进现代化进程的路径、方式和方法。

全体人民共同富裕的现代化。中国式现代化是社会主义现代化，必须体现社会主义的本质要求，促进全体人民共同富裕，摒弃西方以资本为中心的现代化、两极分化的现代化老路。党的十八大以来，以习近平同志为核心的党中央把握发展阶段新变化，把逐步实现全体人民共同富裕摆在更加重要的位置上，如期打赢脱贫攻坚战，如期全面建成小康社会，为促进共同富裕创造了良好条件。当前，我们已经到了扎实推动共同富裕的历史阶段。要把促进全体人民共同富裕作为为人民谋幸福的着力点、作为全面建设社会主义现代化强国的题中应有之义，坚持以人民为中心的发展思想，在高质量发展中促进共同富裕。

物质文明和精神文明相协调的现代化。西方一些国家在现代化过程中片面追求物质财富积累，导致物质主义膨胀、奢靡之风盛行，最终出现了"精神家园的失落"。中国式现代化不能重蹈这些国家现代化的覆辙。应该认识到，无论哪个方面存在短板，现代化都很

"五个必由之路"

难持续健康地推进下去。我们不仅要创造丰富的物质财富，也要提升全民精神生活品质。要引导全体人民自觉践行社会主义核心价值观，传承和弘扬中华优秀传统文化，提高全社会精神文明程度，实现物质繁荣和精神富足相统一。

人与自然和谐共生的现代化。西方国家几百年的现代化过程，是与对自然资源的大规模占用、对生态环境的严重破坏相伴随的。习近平总书记指出："我们建设现代化国家，走美欧老路是走不通的，再有几个地球也不够中国人消耗"，要"努力建设人与自然和谐共生的现代化"。中国式现代化将生态文明建设纳入现代化的总体布局，将构建人与自然和谐共生的地球家园作为目标追求，努力为子孙后代留下天更蓝、山更绿、水更清的优美环境。

走和平发展道路的现代化。习近平总书记指出："中国不认同'国强必霸论'，中国人的血脉中没有称王称霸、穷兵黩武的基因。"西方一些国家的现代化过程伴随着对外扩张掠夺，不仅给他国带来了巨大灾难，也让本国人民饱受战争痛苦。中国式现代化走的是和平发展道路，倡导构建人类命运共同体。中国通过持续改革、扩大开放，积极融入全球分工体系和产业链价值链，不仅大幅提升了自身发展水平，也为全球经济持续健康发展作出了重要贡献。走和平发展道路的中国式现代化，以中国的新发展为世界提供新机遇，在给中国人民带来福祉的同时，也让全世界人民广泛受益。

《人民日报》（2022年03月31日）

为新时代中国特色社会主义事业布新局

王伟光

党的十九届六中全会通过的《中共中央关于党的百年奋斗重大成就和历史经验的决议》以"十个明确"概括了习近平新时代中国特色社会主义思想的核心内容,明确中国特色社会主义事业总体布局是经济建设、政治建设、文化建设、社会建设、生态文明建设五位一体,战略布局是全面建设社会主义现代化国家、全面深化改革、全面依法治国、全面从严治党四个全面。在世界百年未有之大变局中,在中华民族伟大复兴新的历史征程上,我们党统筹国内国际两个大局,统筹推进"五位一体"总体布局,协调推进"四个全面"战略布局,为新时代中国特色社会主义事业布新局、开新篇。

深刻认识"五位一体"总体布局和"四个全面"战略布局的重大意义

党的十八大以来,中国特色社会主义进入新时代。以习近平同

"五个必由之路"

志为核心的党中央把握历史大势和时代潮流，掌握党和国家事业发展的历史主动，统筹把握中华民族伟大复兴战略全局和世界百年未有之大变局，在中国特色社会主义的整体部署上，创造性地提出统筹推进"五位一体"总体布局、协调推进"四个全面"战略布局，丰富和发展了我国改革开放和社会主义现代化建设的顶层设计。"五位一体"总体布局和"四个全面"战略布局相互促进、统筹联动，从全局上确立了新时代坚持和发展中国特色社会主义的战略规划和部署，体现出我们党对中国特色社会主义建设规律的认识达到了新高度，具有重大现实意义和深远历史意义。

从全局上确立新时代坚持和发展中国特色社会主义的战略部署。中国特色社会主义进入新时代，世界百年未有之大变局加速演进，改革发展稳定任务之重、矛盾风险挑战之多、治国理政考验之大都前所未有，迫切需要我们党从全局高度对党和国家事业发展作出新部署。统筹推进"五位一体"总体布局、协调推进"四个全面"战略布局，是我们党站在新的历史起点上，总结我国发展实践经验，适应新的发展要求，对坚持和发展中国特色社会主义作出的重大战略部署，明确了实现社会主义现代化和中华民族伟大复兴的实践路径。

为解决突出矛盾和问题、实现高质量发展指明路径。经过长期努力，中国特色社会主义取得巨大发展成就，但我国仍处于并将长期处于社会主义初级阶段的基本国情没有变，我国仍是世界上最大发展中国家的国际地位没有变，发展不平衡不充分的一些突出问题尚未解决。有效化解新时代面临的突出矛盾和问题，必须完整、准确、全面贯彻新发展理念，推动新型工业化、信息化、城镇化、农业现代化同步发展，统筹兼顾、综合平衡，突出重点、带动全局，大力提升发展质量和效益。习近平总书记指出："高质量发展是'十四五'乃至更长时期我国经济社会发展的主题，关系我国社会主义现代化建设全局。"只有统筹推进"五位一体"总体布局、协调推进"四个全面"战略布局，立足新发展阶段，完整、准确、全面贯彻新发展理念，加快构建新发展格局，才能实现更高质量、更有效率、更加公平、更可持续、更为安全的发展。

积极回应人民对美好生活的新期待。习近平总书记强调："人民对美好生活的向往，就是我们的奋斗目标。"新时代人民的美好生活有着丰富的内涵，人民群众不仅对物质文化生活提出更高要求，而且对民主、法治、公平、正义、安全、环境等方面的要求也日益增长。坚持以人民为中心的发展思想，就要把人民对美好生活的热切期待转变为现实。统筹推进"五位一体"总体布局、协调推进"四个全面"战略布局，推动高质量发展，才能切实解决群众急难愁盼问题，让人民更多更好享有经济、政治、文化、社会、生态文明发展成果，让人民群众的获得感成色更足、幸福感更可持续、安全感更有保障，推动人的全面发展、全体人民共同富裕取得更为明显的实质性进展。

"五个必由之路"

统筹把握"五位一体"总体布局和"四个全面"战略布局

"五位一体"总体布局和"四个全面"战略布局相互促进、统筹联动。在实践中，我们要坚持辩证唯物主义和历史唯物主义的世界观和方法论，统筹把握"五位一体"总体布局和"四个全面"战略布局。

从党的十二届六中全会提出"三位一体"总体布局，到党的十六大以后将总体布局拓展为"四位一体"，再到党的十八大提出"五位一体"总体布局，我们党始终顺应历史大势、顺应人民需求，不断与时俱进完善中国特色社会主义事业布局。在统筹推进"五位一体"总体布局的同时，党的十八届三中、四中、五中、六中全会相继就全面深化改革、全面依法治国、全面建成小康社会、全面从严治党进行专题研究，逐步形成了"四个全面"战略布局。随着全面建成小康社会胜利实现，党的十九届五中全会将"全面建成小康社会"调整发展为"全面建设社会主义现代化国家"，确保了"四个全面"战略布局的延续性。党的十八大以来，我们党坚持把"五位一体"总体布局和"四个全面"战略布局统一于新时代中国特色社会主义伟大实践，统筹推进"五位一体"总体布局，协调推进"四个全面"战略布局，推动党和国家事业取得历史性成就、发生历史性变革，中华民族迎来了从站起来、富起来到强起来的伟大飞跃，实现中华民族伟大复兴进入了不可逆转的历史进程。

统筹把握"五位一体"总体布局和"四个全面"战略布局，是对全面、系统、普遍联系的观点的创造性运用。以习近平同志为核心的党中央运用唯物辩证法的"矛盾论""两点论""重点论",把生产力和生产关系的矛盾运动同经济基础和上层建筑的矛盾运动结合起来观察,在推进"五位一体"总体布局和"四个全面"战略布局相互促进、统筹联动进程中,统筹协调政府与市场、开放与自主、改革发展稳定、稳与进等各种重大关系,善于抓住主要矛盾和矛盾的主要方面,努力做到全局和局部相配套、渐进和突破相衔接、整体推进和重点突破相统一,不断推动生产关系与生产力、上层建筑与经济基础相适应。"五位一体"总体布局和"四个全面"战略布局的每一个方面都是有机联系的,都要将其作为有机统一体来统筹把握,从而更好推进新时代中国特色社会主义伟大事业。

加强前瞻性思考、全局性谋划、战略性布局、整体性推进

统筹推进"五位一体"总体布局、协调推进"四个全面"战略布局,要坚持系统观念,加强前瞻性思考、全局性谋划、战略性布局、整体性推进,更加注重改革的系统性、整体性、协同性,使各项举措在政策取向上相互配合、在实施过程中相互促进、在实际成效上相得益彰,形成总体效应、取得整体效果。

充分发挥党总揽全局、协调各方的领导核心作用。中国共产党领导是中国特色社会主义最本质的特征,是中国特色社会主义制度的最大优势。推动"五位一体"总体布局和"四个全面"战略布局

"五个必由之路"

相互促进、统筹联动，必须充分发挥党总揽全局、协调各方的领导核心作用，围绕根本性、全局性、长远性问题进行战略性、系统性、前瞻性谋划，加强对统筹推进"五位一体"总体布局、协调推进"四个全面"战略布局各项举措关联性、系统性、可行性的研究，处理好当前与长远、局部与全局、普遍与特殊、总体与部分、守正与创新的关系。加强思想淬炼、政治历练、实践锻炼、专业训练，切实增强党员干部的学习本领、政治领导本领、改革创新本领、科学发展本领、依法执政本领、群众工作本领、狠抓落实本领、驾驭风险本领，着力提高党员干部的政治能力、调查研究能力、科学决策能力、改革攻坚能力、应急处突能力、群众工作能力、抓落实能力，不断提高党的执政能力和领导水平，确保党始终成为中国特色社会主义事业的坚强领导核心。

坚持以人民为中心的发展思想。"五位一体"总体布局集中体现了我们党致力于维护好、实现好、发展好人民群众在经济、政治、文化、社会、生态等方面利益的历史自觉，"四个全面"战略布局生动反映了我们党为了人民利益而不懈奋斗、不断破除体制机制弊端、推进国家治理深刻革命、敢于自我革命的使命担当。在"五位一体"总体布局和"四个全面"战略布局相互促进、统筹联动的新征程上，必须始终把人民放在心中最高位置，坚持尊重社会发展规律和尊重人民历史主体地位的一致性，坚持为崇高理想奋斗和为最广大人民谋利益的一致性，坚持完成党的各项工作和实现人民利益的一致性，不断把为人民造福事业推向前进。在继续推动发展的基础上，着力解决好发展不平衡不充分问题，大力提升发展质量和效益，更好满足人民在经济、政治、文化、社会、生态等方面日益增长的需要，更好推动人的全面发展、社会全面进步。

走好中国式现代化道路。习近平总书记指出："我们坚持和发展中国特色社会主义，推动物质文明、政治文明、精神文明、社会文明、生态文明协调发展，创造了中国式现代化新道路，创造了人类文明新形态。"我国现代化是人口规模巨大的现代化，是全体人民共同富裕的现代化，是物质文明和精神文明相协调的现代化，是人与自然和谐共生的现代化，是走和平发展道路的现代化。走中国式现代化道路是推进中国特色社会主义事业的必然要求，体现着中国特色社会主义是全面发展的社会主义。"五位一体"总体布局和全面建设社会主义现代化国家的目标一致、内涵相同。到2035年基本实现社会主义现代化，就是按照"五位一体"总体布局的要求来谋划和设计的，分别在经济、政治、文化、社会、生态文明建设上提出了明确目标。到本世纪中叶把我国建成社会主义现代化强国，用富强、民主、文明、和谐、美丽这五个关键词，生动地阐释了"五位一体"的发展目标。坚持和加强党的全面领导，统揽伟大斗争、伟大工程、伟大事业、伟大梦想，统筹推进"五位一体"总体布局、协调推进"四个全面"战略布局，走好中国式现代化道路，我们一定能够创造出新时代坚持和发展中国特色社会主义新的伟大成就。

《人民日报》（2022年04月12日）

推动中国特色社会主义道路越走越宽广

孙存良

方向决定道路，道路决定命运。无论是搞革命、搞建设，还是搞改革，道路问题都是最根本的问题。党的十九届六中全会通过的《中共中央关于党的百年奋斗重大成就和历史经验的决议》（以下简称《决议》）明确把"坚持中国道路"作为党百年奋斗的一条重要历史经验。这体现了我们党对坚持中国道路的历史自信，表明了我们党在新时代新征程坚持中国道路的历史自觉。深刻学习领会这一重要历史经验，对于我们党掌握历史主动，走好新的赶考之路，具有重大意义。

党的百年奋斗取得的根本成就

1840年鸦片战争之后，中国逐步成为半殖民地半封建社会，国家蒙辱、人民蒙难、文明蒙尘，中华民族遭受了前所未有的劫难。对于曾经有过辉煌过去的中华民族来说，实现民族复兴成为近代以来中华民族最伟大的梦想。"路在何方",成为一代代仁人志士苦苦探索的重大问题。一个国家走什么样的发展道路,关键要看这条道路能否解决这个国家面临的历史性课题。只有立足中国国情找到适合自己的路,才能解决国家面临的历史课题,才能实现中华民族伟大复兴。习近平总书记指出:"古今中外的历史都告诉我们,世界上没有一个民族能够亦步亦趋走别人的道路实现自己的发展振兴,也没有一种一成不变的道路可以引导所有民族实现发展振兴;一切成功发展振兴的民族,都是找到了适合自己实际的道路的民族。"在中国这样一个经济文化十分落后的国家探索民族复兴道路,极为艰难,十分坎坷。直到中国共产党登上历史舞台之后,才找到了实现中华民族伟大复兴的正确道路。以马克思主义科学理论为指导又继承了中华优秀传统文化基因的中国共产党,以其他任何政治集团所没有的远见卓识和顽强毅力,从中国实际出发,立足中国发展阶段,分析党面临的主要任务,积极探索自己的路,成功开辟了新民主主义革命道路、社会主义革命和建设道路、中国特色社会主义道路。

新民主主义革命时期,党只有探索出一条适合中国国情的革命道路,才能取得革命胜利。我们党一开始想走苏联那样的中心城市暴动的道路,实践证明这条道路走不通。以毛泽东同志为主要代表的中国共产党人,通过总结经验教训、深化对国情的认识,探索出一条农村包围城市、武装夺取政权的正确道路。沿着这条正确道路,中国共产党团结带领人民推翻帝国主义、封建主义、官僚资本主义

"五个必由之路"

三座大山，建立了人民当家作主的中华人民共和国，实现民族独立、人民解放。

新中国成立后，我们党在经济文化落后、一穷二白的基础上，领导人民进行社会主义革命和建设。在社会主义革命时期，我们党提出以"逐步实现国家的社会主义工业化，并逐步实现国家对农业、对手工业和对资本主义工商业的社会主义改造"为主要内容的过渡时期总路线，以和平的方式创造性完成了社会主义改造的历史任务，这是一条符合中国国情的社会主义改造道路。社会主义制度的建立，实现了中华民族有史以来最为广泛而深刻的社会变革，为实现中华民族伟大复兴奠定了根本政治前提和制度基础。革命不易，建设更难。为找到一条正确的社会主义建设道路，中国共产党进行了大量艰辛探索。在中国这样的大国搞社会主义建设，马克思主义没有现成答案，苏联社会主义建设成为唯一参考。但党很快意识到苏联模式的弊端，提出以苏联的经验教训为鉴戒，独立探索社会主义建设道路。党对社会主义建设的这些探索，虽然有失误，但取得的独创性理论成果和巨大成就，为新的历史时期开创中国特色社会主义提供了宝贵经验、理论准备、物质基础。

改革开放和社会主义现代化建设新时期，我们党开辟、坚持和发展了中国特色社会主义道路。1978年党的十一届三中全会，我们党重新确立解放思想、实事求是的思想路线，作出把党和国家工作中心转移到经济建设上来、实行改革开放的历史性决策，实现了新中国成立以来党的历史上具有深远意义的伟大转折，标志着我们党探索社会主义道路的新开端。1979年，邓小平同志强调，"我们要在中国实现四个现代化，必须在思想政治上坚持四项基本原则。这是实现四个现代化的根本前提"。这说明，我们党所领导的改革开放从一开始就坚持明确的社会主义方向。1982年，邓小平同志鲜明指出，"把马克思主义的普遍真理同我国的具体实际结合起来，走自己的道路，建设有中国特色的社会主义，这就是我们总结长期历史经验得出的基本结论"。中国特色社会主义道路成了党的全部工作的核心词、关键词和高频词，成为全党全国人民坚定前行的道路。以江泽民同志为主要代表的中国共产党人依据新的实践确立了党的基本纲领、基本经验，确立了社会主义市场经济体制的改革目标和基本框架，确立了社会主义初级阶段的基本经济制度和分配制度，开创全面改革开放新局面，推进党的建设新的伟大工程，成功把中国特色社会主义推向二十一世纪。以胡锦涛同志为主要代表的中国共产党人，抓住重要战略机遇期，聚精会神搞建设，一心一意谋发展，强调坚持以人为本、全面协调可持续发展，着力保障和改善民生，促进社会公平正义，推进党的执政能力建设和先进性建设，成功在新形势下坚持和发展了中国特色社会主义。

党的十八大以来，以习近平同志为核心的党中央以伟大的历史主动精神、巨大的政治勇气、强烈的责任担当，统筹把握中华民族伟大复兴战略全局和世界百年未有之大变局，统揽伟大斗争、伟大工程、伟大事业、伟大梦想，把中国特色社会主义总体布局从"四位一体"扩展为"五位一体"并统筹推进，提出并协调推

"五个必由之路"

进"四个全面"战略布局,出台一系列重大方针政策,推出一系列重大举措,推进一系列重大工作,推动党和国家事业取得历史性成就、发生历史性变革,开创中国特色社会主义新时代,续写了中国特色社会主义道路的崭新篇章。

事非经过不知难。从党的百年奋斗探索中可以发现,中国特色社会主义道路,既不是从天上掉下来的,也不是从地上冒出来的,而是中国共产党领导中国人民在实践中一步一个脚印踏出来的,是历史的选择、人民的选择。从无路可走,到找到正确的路;从走别人的路,到走自己的路。这是百年来党艰辛探索中国道路的生动写照。正如习近平总书记指出的:"过去,我们照搬过本本,也模仿过别人,有过迷茫,也有过挫折,一次次碰壁、一次次觉醒,一次次实践、一次次突破,最终走出了一条中国特色社会主义成功之路。"

实现中华民族伟大复兴的必由之路

实现中华民族伟大复兴,道路是最根本的问题。中国特色社会主义道路,既坚持了科学社会主义的基本原则,又根据我国实际和时代特征赋予其鲜明的中国特色,体现了科学性、人民性、先进性、时代性的统一,是创造人民美好生活、实现中华民族伟大复兴的康庄大道。习近平总书记指出,中国特色社会主义伟大实践,不仅使我们国家快速发展起来,使我国人民生活水平快速提高起来,使中华民族大踏步赶上时代前进潮流、迎来伟大复兴的光明前景,而且使中国人民和中华民族为世界和平与发展作出了重大贡献。

中国道路是实现国家富强之路。国家不富强,民族振兴、人民幸福就缺乏坚实基础。落后就要挨打,富强才不被欺。中国近代屡遭西方列强欺凌,从根本上说还是国力、军力不够强大。国家富强,就是要在全面建成小康社会基础上,建设富强民主文明和谐美丽的社会主义现代化强国。中国特色社会主义道路,坚持以经济建设为中心,坚持四项基本原则,坚持改革开放;统筹推进"五位一体"总体布局,协调推进"四个全面"战略布局;不断解放和发展社会生产力,逐步实现全体人民共同富裕、促进人的全面发展。新中国成立70多年来特别是改革开放40多年来,我国经济实力、科技实力、国防实力、综合国力进入世界前列。事实充分证明,中国特色社会主义道路是强国之路。

中国道路是实现民族振兴之路。中华民族有着5000多年源远流长的文明历史,中华文明是人类历史上唯一一个至今未曾中断的灿烂文明,为人类文明进步作出了不可磨灭的贡献。民族振兴,就是要使中华民族更加坚强有力地自立于世界民族之林,为人类发展作出新的更大贡献。中国特色社会主义道路,坚持推动物质文明、政治文明、精神文明、社会文明、生态文明协调发展,成功走出中国式现代化道路,创造了人类文明新形态,使中国在几十年时间里走完发达国家几百年的现代化历程,创造了世所罕见的经济快速发展奇迹和社会长期稳定奇迹,使中华民族迎来了从站起来、富起来

"五个必由之路"

到强起来的伟大飞跃。同时，中国特色社会主义道路，打破了只有遵循资本主义现代化模式才能实现现代化的神话，拓展了发展中国家走向现代化的途径，给世界上那些既希望加快发展又希望保持自身独立性的国家和民族提供了全新选择，为解决人类问题贡献了中国智慧和中国方案。

中国道路是实现人民幸福之路。人民幸福，就是坚持以人民为中心，增进人民福祉，朝着共同富裕方向稳步前进。中国特色社会主义道路，坚持中国共产党领导，促进人的全面发展，逐步实现全体人民共同富裕，具有鲜明的人民性，是创造人民美好生活的必由之路。新中国成立70多年来特别是改革开放40多年来，我国人民生活水平得到极大提高，全国居民人均年可支配收入从1949年的49.7元增长到1978年的171元，再增长到2021年的35128元，实现从低收入国家到中等偏上收入国家的历史性跨越。中国打赢脱贫攻坚战，历史性地解决了绝对贫困问题，全面建成小康社会，中国人民的生存权和发展权得到有效保障，人民获得感、幸福感、安全感显著增强。

中国道路是实现和平发展之路。不同于西方一些资本主义国家在崛起过程中走对外殖民扩展和掠夺的道路，中国特色社会主义道路是坚持和平发展的道路，既争取和平的国际环境发展自身，又通过自身发展维护世界和平，推动建立公正合理的国际政治经济新秩序，建设持久和平、共同繁荣的和谐世界。中华民族是崇尚和平、包容的民族，饱受帝国主义、殖民主义侵略和欺凌的中华民族深深懂得和平的宝贵。习近平总书记指出："和平、和睦、和谐是中华民族5000多年来一直追求和传承的理念，中华民族的血液中没有侵略他人、称王称霸的基因。"中国坚定不移走和平发展道路，坚定不移奉行独立自主的和平外交政策，推动构建人类命运共同体，为人类和平与发展事业作出重大贡献。

坚定不移走中国特色社会主义道路

道路问题是关系党的事业兴衰成败第一位的问题，道路就是党的生命。习近平总书记强调："道路决定命运，找到一条正确的道路多么不容易，我们必须坚定不移走下去。"中国特色社会主义道路，是党和人民历经千辛万苦、付出巨大代价取得的根本成就，是能够引领中国发展进步、实现民族复兴梦想的道路，必须坚定不移走这条道路、与时俱进拓展这条道路。

始终坚定中国特色社会主义道路自信。独特的文化传统、历史命运和国情，注定了中国必然走适合自己特点的发展道路。"鞋子合不合脚，自己穿了才知道。"中国特色社会主义道路，是被实践证明正确的、适合中国国情、符合人类社会发展规律的道路，具有深厚的历史渊源和广泛的现实基础，不仅走得对、走得通，而且也一定能够走得稳、走得好。《决议》指出："脚踏中华大地，传承中华文明，走符合中国国情的正确道路，党和人民就具有无比广阔的舞台，具有无比深厚的历史底蕴，具有无比强大的前进定力。"在

"五个必由之路"

前进道路上特别是遇到困难和挑战时，往往会出现"杂音""噪音"，有的妄想拉回到封闭僵化的老路上，有的企图引导到西方资本主义的邪路上，其实质都是对中国特色社会主义道路的否定。走封闭僵化的老路，是死路一条；走改旗易帜的邪路，同样是死路一条。习近平总书记强调："无论遇到什么风浪，在坚持中国特色社会主义道路这个根本问题上都要一以贯之，决不因各种杂音噪音而改弦更张。"要始终坚定道路自信，保持清醒头脑，保持强大战略定力，不为任何风险所惧，不被任何干扰所惑，既不走封闭僵化的老路、也不走改旗易帜的邪路，以志不改、道不变的决心，坚定沿着中国特色社会主义道路奋勇前进，做到"千磨万击还坚劲，任尔东西南北风"。

全面贯彻党的基本理论、基本路线、基本方略。我们党在坚持中国特色社会主义道路过程中形成了党的基本理论、基本路线、基本方略的宝贵经验。这"三个基本"，内含了中国特色社会主义道路的行动指南、核心内容、实践要求，统一于中国特色社会主义伟大实践，明确了党治国理政的大政方针，具有管全局、管方向、管长远的重大意义，是必须长期牢牢把握的基本遵循。坚持中国特色社会主义道路，就要全面贯彻党的基本理论、基本路线、基本方略，确保沿着前进道路不偏向、不脱轨、不走样。

不断拓展中国特色社会主义道路。坚持中国道路，不是故步自封；坚定道路自信，不是盲目自大。坚持是创新的前提，创新是最好的坚持。中国特色社会主义道路是创新的产物，也要在实践中不断完善，在发展中不断变革。只有与时俱进，改革创新，中国特色社会主义道路才能充满活力。要在坚持科学社会主义基本原则的前提下，发挥历史主动性和创造性，大胆探索，推动中国特色社会主义道路越走越宽广。同时，要从中华文明中汲取智慧，博采众长，虚心学习借鉴人类社会创造的一切文明成果，但不能照抄照搬任何国家的发展模式，绝不接受"教师爷"般颐指气使的说教，牢牢把中国发展进步的命运掌握在自己手中。

《光明日报》（2022 年 03 月 21 日）

中国特色社会主义是实现中华民族伟大复兴的必由之路

樊　鹏

实现中华民族伟大复兴，是近代以来中国人民最伟大的梦想。为了实现这一梦想，中国共产党擘画了宏伟发展蓝图，带领人民历经千辛万苦、付出各种代价找到了中国特色社会主义这样一条正确管用的道路。中国特色社会主义是当代中国发展进步的伟大旗帜，是激励中国经济发展和社会进步的动力源泉，是克服一切风险考验的坚实政治屏障，是实现中华民族伟大复兴的必由之路。

中国特色社会主义为实现中华民族伟大复兴提供接续奋斗的方向。方向决定前途，道路决定命运。近代以来，为挽救民族危亡、实现民族振兴，无数仁人志士孜孜不倦寻找着适合国情的政治发展道路，但都以失败告终。最终，中国共产党团结带领中国人民实现了国家独立和人民解放，确立了社会主义制度，为当代中国的全面发展和不断进步，为真正实现中华民族伟大复兴奠定了坚实的政治基础和社会条件。历史和现实都告诉我们，只有社会主义才能救中国，只有中国特色社会主义才能发展中国。中国特色社会主义是党和人民经过长期不懈探索和奋斗取得的根本成就，是改革开放以来党的全部理论和实践的主题，是实现中华民族伟大复兴的唯一正确道路和根本发展方向。在这条道路上，全面建成小康社会取得伟大历史性成就，全面建设社会主义现代化国家新征程胜利开启，中华民族伟大复兴展现出前所未有的光明前景，我们没有任何理由不继续坚持这条被实践证明是正确的道路。

中国特色社会主义为实现中华民族伟大复兴提供发展动力和创造伟力。天地之大，黎元为本。人民是历史的主体，是创造历史的根本动力。习近平总书记指出："中国共产党始终高举人民民主的旗帜。""人民民主是社会主义的生命，没有民主就没有社会主义，就没有社会主义的现代化，就没有中华民族伟大复兴。"发展中国特色社会主义民主政治，极大激发了广大人民群众的积极性主动性创造性，极大解放和发展了社会生产力，有效推动了经济社会发展进步。中国特色社会主义民主及时回应人民需求，有效凝聚社会人心，正确处理了事关国家前途命运的一系列重大政治关系，团结一切可以团结的力量，有效保证国家政治生活既充满活力又安定有序。

"积力之所举，则无不胜也；众智之所为，则无不成也。"人民生活实现了由贫困到温饱、由总体小康再到全面小康的翻天覆地的变化，国家发展取得举世瞩目的伟大成就，中国经济实力、综合国力和人民生活水平显著提升。在中国这样一个规模体量巨大但人均

"五个必由之路"

资源仍处于世界较低水平的最大发展中国家,没有对人民主体地位的尊重和亿万人民的团结奋斗,不可能实现这样的成就。新时代我们党立足新的历史方位,深刻把握我国社会主要矛盾的新变化,积极回应人民对民主的新要求新期盼,深刻借鉴古今中外治乱兴衰的经验教训,发展完善全过程人民民主,激活社会发展的源头活水,使中国特色社会主义民主更加充满生机活力,为实现中华民族伟大复兴创造了更加优越的社会条件。

中国特色社会主义为实现中华民族伟大复兴提供坚实制度保障。经国序民,正其制度。实现中华民族伟大复兴,必须有坚强的制度保障。中国特色社会主义是具有强大国家能力和完善治理体系支撑的高效制度体系,这一制度体系是中国共产党带领中国人民不断探索实践和不断改革创新的产物,是把马克思主义基本原理同中国实际相结合、同中华优秀传统文化相结合并合理借鉴人类制度文明的智慧结晶,符合我国国情,深得人民信任。

新时代党深刻把握我国发展要求和时代潮流,把制度建设和治理能力建设摆到更加突出的位置,继续深化各领域各方面体制机制改革,推动各方面制度更加成熟定型,中国特色社会主义制度展现出更加鲜明的马克思主义政党色彩、中华民族优秀历史文化特色和与时俱进的时代特征。在坚实的制度根基和国家治理体系保障下,中华民族迎来了从站起来、富起来到强起来的伟大飞跃,中华民族伟大复兴进入不可逆转的历史进程。

当今世界进入动荡变革期,中华民族伟大复兴的战略全局与世界百年未有之大变局相互交织激荡。面对风云变幻的国际形势，应从容应对关系我国改革发展稳定全局的一系列风险考验，要进行具有许多新的历史特点的伟大斗争，必须坚持和完善中国特色社会主义制度、推进国家治理体系和治理能力现代化，运用制度威力应对风险挑战的冲击。展望未来，我们更加坚信，坚持好和发展好中国特色社会主义，必能实现中华民族伟大复兴。

《光明日报》（2022年04月08日）

>> 拓展阅读

坚持中国特色社会主义,走好必由之路

李 鹃

"中国特色社会主义是实现中华民族伟大复兴的必由之路。"习近平总书记在参加十三届全国人大五次会议内蒙古代表团审议时强调,只要始终不渝走中国特色社会主义道路,我们就一定能够不断实现人民对美好生活的向往,不断推进全体人民共同富裕。方向决定前途,道路决定命运,要始终坚定道路自信,保持头脑清醒,不为任何风险所惧,不为任何干扰所惑,毫不动摇沿着这条通往复兴梦想的人间正道奋勇前进。

中国特色社会主义是党和人民历经千辛万苦、付出巨大代价取得的根本成就,是实现中华民族伟大复兴的正确道路。习近平总书记深刻指出,"改革开放以来,我们总结历史经验,不断艰辛探索,终于找到了实现中华民族伟大复兴的正确道路,取得了举世瞩目的成果。这条道路就是中国特色社会主义。"鞋子合不合脚,自己穿了才知道。中国特色社会主义这条路走得怎么样,人民最清楚,最

有发言权，人民的获得感、幸福感、安全感最有说服力。我们用几十年时间走完了发达国家几百年走过的工业化历程，创造了世所罕见的经济快速发展奇迹和社会长期稳定奇迹，推动我国人民生活水平实现前所未有的提升。实践证明，中国特色社会主义道路走得通、走得对、走得好，是一条既符合中国国情，又适合时代发展要求并取得巨大成功的唯一正确道路。

新时代党和国家事业取得历史性成就、发生历史性变革，彰显了中国特色社会主义的强大生机活力。党的十八大以来，以习近平同志为核心的党中央准确把握中国特色社会主义的历史新方位、时代新变化、实践新要求，从理论和实践结合上系统科学回答了新时代坚持和发展什么样的中国特色社会主义、怎样坚持和发展中国特色社会主义这个重大时代课题，确立新时代坚持和发展中国特色社会主义的基本方略。我们党统筹推进"五位一体"总体布局，协调推进"四个全面"战略布局，推动党和国家事业取得历史性成就、发生历史性变革。新时代中国特色社会主义的伟大成就为实现中华民族伟大复兴提供了更为完善的制度保证、更为坚实的物质基础、更为主动的精神力量，中华民族迎来了从站起来、富起来到强起来的伟大飞跃。

坚定志不改、道不变的决心，沿着中国特色社会主义道路坚定不移走下去。坚持和发展中国特色社会主义是一篇大文章，新征程上，中国共产党人的任务，就是要续写这篇大文章的新篇章。要深刻领会"两个确立"的决定性意义，增强"四个意识"、坚定"四

"五个必由之路"

个自信"、坚决做到"两个维护"。坚持党的基本理论、基本路线、基本方略，统筹推进"五位一体"总体布局、协调推进"四个全面"战略布局，全面深化改革开放，立足新发展阶段，完整、准确、全面贯彻新发展理念，构建新发展格局，推动高质量发展，推进科技自立自强，保证人民当家作主，坚持依法治国，坚持社会主义核心价值体系，坚持在发展中保障和改善民生，坚持人与自然和谐共生，协同推进人民富裕、国家强盛、中国美丽。随着新时代坚持和发展中国特色社会主义的伟大实践不断向前，我们的道路必将越走越宽广，我们的制度必将越来越成熟。

乘历史大势而上，走人间正道致远。中国特色社会主义是历史的选择、人民的选择，是当代中国大踏步赶上时代、引领时代发展的康庄大道，是中国共产党和中国人民团结的旗帜、奋进的旗帜、胜利的旗帜。14亿多中国人民拧成一股绳，在中国特色社会主义道路上坚定不移走下去，我们就一定能够实现中华民族伟大复兴。

《中国纪检监察报》（2022年03月12日）

第四编

团结奋斗是中国人民创造历史伟业的必由之路。只要在党的领导下全国各族人民团结一心、众志成城，敢于斗争、善于斗争，我们就一定能够战胜前进道路上的一切困难挑战，继续创造令人刮目相看的新的奇迹。

团结奋斗是中国人民创造历史伟业的必由之路

历史上,有一个"齐心协力建包钢"的故事:新中国成立初期,党中央一声号令,全国上下,各地区、各部门、各企业积极响应,援建人员和建设物资涌向内蒙古草原,在荒滩上筑起钢城。习近平总书记曾特别提及这段历史佳话,并要求"用好这些红色资源"。"齐心协力建包钢",生动诠释了"团结是铁,团结是钢",有力印证了"奋斗创造历史,实干成就未来"。

在参加十三届全国人大五次会议内蒙古代表团审议时,习近平总书记回顾新时代党和人民奋进历程,高度概括了这一历程中形成的"五个必由之路"重要认识,其中一个重要认识就是"团结奋斗是中国人民创造历史伟业的必由之路"。这一论断,深刻揭示了新时代党和国家事业发生历史性变革、取得历史性成就背后的精神密码,清晰指明了继续创造新的历史伟业的前进方向。

团结就是力量,奋斗开创未来。团结奋斗,是一百年来中国共产党人、中国人民、中华民族锤炼铸就的宝贵精神品质,是中国共产党和中国人民最显著的精神标识。党的十八大以来,以习近平同志为核心的党中央坚持大团结大联合,团结一切可以团结的力量,调动一切可以调动的积极因素,最大限度凝聚起共同奋斗的力量。反贫困、建小康,稳经济、促发展,战疫情、斗洪峰,化危机、应变局……在前所未有的改革发展稳定任务面前,在前所未有的矛盾风险挑战面前,一次次化危为机、浴火重生,定格下中国人民众志成城、团结奋斗的勇毅身影。回首来时路,是"比铁还硬,比钢还强"的团结之力,是"风雨无阻向前进"的不懈奋斗,让我们攻克了一个又一个看似不可攻克的难关,创造了"人心齐,泰山移"的人间奇迹。

围绕明确奋斗目标形成的团结才是最牢固的团结,依靠紧密团结进行的奋斗才是最有力的奋斗。中国共产党团结带领中国人民进行的一切奋斗、一切牺牲、一切创造,归结起来就是一个主题:实现中华民族伟大复兴。目标如灯塔,指引着扬帆破浪的征程,汇聚起团结奋斗的合力。从如期打赢脱贫攻坚战,到法治中国建设迈出坚实步伐;从不断推动全面深化改革向广度和深度进军,到以前所未有的力度抓生态文明建设……锚定既定奋斗目标,以习近平同志为核心的党中央团结带领全党全军全国各族人民砥砺前行,为实现中华民族伟大复兴提供了更为完善的制度保证、更为坚实的物质基

"五个必由之路"

础、更为主动的精神力量,实现中华民族伟大复兴进入了不可逆转的历史进程。面向未来,我们必须咬定目标、团结一心,在新时代的长征路上一起创造新的历史伟业。

我们靠团结奋斗创造了辉煌历史,还要靠团结奋斗开辟美好未来。今天,亿万人民胼手胝足、顽强拼搏、同心共济,汇聚成新时代中国昂扬奋进的洪流。新的征程上,我们必须坚持大团结大联合,坚持一致性和多样性统一,加强思想政治引领,广泛凝聚共识,广聚天下英才,努力寻求最大公约数、画出最大同心圆,形成海内外全体中华儿女心往一处想、劲往一处使的生动局面,汇聚起实现民族复兴的磅礴力量。只要在党的领导下全国各族人民团结一心、众志成城,敢于斗争、善于斗争,我们就一定能够战胜前进道路上的一切困难挑战,继续创造令人刮目相看的新的奇迹。

40多年前,当中国男排首次冲出亚洲,中国女排首次站上世界冠军领奖台,"团结起来,振兴中华"的响亮口号从菁菁校园传遍大江南北。今天,神州大地自信自强、充满韧劲,中华儿女满怀豪情、壮志在胸,人们更加深刻体会到中国人民和中华民族具有无比强大的凝聚力和向心力,也更加坚定一个信念——"有中国共产党的坚强领导,有全国各族人民的紧密团结,全面建成社会主义现代化强国的目标一定能够实现,中华民族伟大复兴的中国梦一定能够实现!"

为凝聚团结奋斗之力担当作为

赵 凡

习近平总书记在参加十三届全国人大五次会议内蒙古代表团审议时指出:"团结奋斗是中国人民创造历史伟业的必由之路"。建立最广泛的统一战线,是我们党在不同历史时期凝聚起团结奋斗力量的重要法宝。统一战线的人才教育培养,为坚持和完善中国共产党领导的多党合作和政治协商制度、巩固和壮大统一战线作出了重要贡献。以史为鉴、开创未来,我们要以踔厉奋发的精神和笃行不怠的状态团结奋斗,不断推动党的统一战线人才教育培养工作创新发展。

在巩固共同思想政治基础上发挥重要作用

坚持统一战线,是我们党百年奋斗积累的宝贵历史经验之一。在波澜壮阔的奋斗历程中,中国共产党始终不忘初心、牢记使命,调动一切积极因素,团结一切可以团结的力量,建立最广泛的统一

"五个必由之路"

战线，与各族各界人士共同为实现中华民族伟大复兴拼搏奋斗。党和人民取得的一切成就都是团结奋斗的结果。

我们党坚持统一战线的历史，也是党用先进理论教育引导各族各界人士、以共同目标团结凝聚各族各界人士共同奋斗的历史。新民主主义革命时期，为实现民族独立、人民解放，我们党在艰苦卓绝的革命斗争中开展了深入细致的思想政治教育和统战工作，团结凝聚社会各界力量共同奋斗，取得新民主主义革命的全国性胜利、建立了新中国。社会主义革命和建设时期，在对农业、手工业和资本主义工商业进行社会主义改造的过程中，对民族工商业者、手工业者、小农进行团结引导和政治教育。1956年10月，应各民主党派和无党派代表人士学习政治理论的需要，在党中央关心支持下，中央社会主义学院成立，此后地方社会主义学院普遍成立，对统一战线广大成员教育培训工作开始有计划成规模、有场所成体系、有人员成建制地开展起来。社会主义学院着眼巩固和发展社会主义制度，着力帮助各民主党派、无党派人士以及各界民主人士学习马克思列宁主义、毛泽东思想，不断提高政治理论水平，以更好适应我国社会主义建设的需要。改革开放和社会主义现代化建设时期，社会主义学院着眼坚持和发展中国特色社会主义，着力帮助各民主党派、无党派人士以及各界民主人士学习中国特色社会主义理论体系，努力为改革开放和社会主义现代化建设营造有利条件、汇聚共识力量。中国特色社会主义进入新时代，实现中华民族伟大复兴的中国梦，需要团结凝聚的社会基础更加广泛，巩固共同思想政治基础的使命任务更为艰巨，统一战线教育培训工作的领域更加宽广、内容更加丰富。社会主义学院把深入学习贯彻习近平新时代中国特色社会主义思想放在首位，加强"四史"、民主法治观念和中华优秀传统文化、革命文化、社会主义先进文化等内容的教育，为铸牢中华民族共同体意识、巩固和发展新时代爱国统一战线贡献力量。

在革命、建设、改革各个历史时期，我们党通过对统一战线人才的教育培养，不断巩固各族各界人士团结奋斗的共同思想政治基础，为实现共同目标凝聚共识，为完成党和国家中心任务提供广泛力量支持。社会主义学院建设发展的历程说明，坚持"社院姓社"是立院之基，突出政治培训、强化政治共识是主要任务。我们要把长期以来开展统一战线教育培训工作积累形成的经验坚持好、发扬好，为新时代夯实统一战线共同思想政治基础发挥应有作用。

深刻认识新形势新任务提出的新要求

当今世界正经历百年未有之大变局，中华民族伟大复兴正处于关键时期，我们党正团结带领人民向着全面建成社会主义现代化强国的目标迈进。世纪疫情和百年变局交织，我国发展面临的内外环境发生了深刻复杂变化。习近平总书记强调："越是变化大，越是要把统一战线发展好、把统战工作开展好。"新形势新任务对开展统一战线教育培训工作、广泛凝聚政治共识提出了新的更高要求。

"五个必由之路"

从国际看,各国相互联系和依存日益加深,国际力量对比更趋平衡,新兴市场国家和发展中国家自身实力、自主发展能力、国际影响力不断增强,和平发展大势不可逆转。同时,世界面临的不稳定性不确定性突出,单边主义、保护主义、霸权主义对世界和平发展构成威胁。我国发展具有时与势的有利条件,也面对更多逆风逆水的外部环境。在这种情况下,我们更加需要教育引导广大统一战线成员坚定不移走中国特色社会主义道路,坚定"四个自信",增强做中国人的志气、骨气、底气,把发展进步的主动权牢牢掌握在自己手中。国际人才竞争更加激烈,更加需要我们把统一战线的大量人才团结在党的周围,实现人尽其才、才尽其用。文化软实力对促进国家发展、提升国际影响力的意义愈加凸显,更加需要我们深入研究阐释和传播中华文化,不断提升中华文化的感召力、吸引力。

从国内看,实现中华民族伟大复兴的制度保证更为完善、物质基础更为坚实、精神力量更为主动,但我们面临的改革发展稳定任务仍然艰巨繁重。所有制形式更加多样,社会阶层更加多样,社会思想观念更加多样,各种可以预见和难以预见的风险因素明显增多。党的十八大以来形成的统一战线是我们党历史上最广泛的联盟,各方面统一战线成员总数达数亿之多。这么多人团结起来,就能为战胜前进道路上的艰难险阻、实现第二个百年奋斗目标增添强大力量。新形势下,凝聚共识、凝聚人心、凝聚智慧、凝聚力量的工作更为紧迫。我们要始终胸怀"两个大局",心系"国之大者",正确认识、客观分析、准确把握形势任务,不断创新完善新时代统一战线教育培训机制，更好适应新的时代要求，为巩固发展统一战线培育人才、贡献力量。

坚守好统一战线人才教育培养主阵地

习近平总书记强调："统一战线是做人的工作，搞统一战线是为了壮大共同奋斗的力量。"中央社会主义学院作为中国共产党领导的统一战线性质的高等政治学院，是统一战线人才教育培养主阵地。要面向党和国家事业发展需要，坚持守正办学、联合办学、开放办学、创新办学，更好履行职责使命。

坚持守正办学。坚持党的领导，坚持"社院姓社"，牢牢把握正确办学方向。把学习贯彻习近平新时代中国特色社会主义思想作为首要政治任务，学深学透、讲清讲透这一重要思想的核心要义、精神实质、丰富内涵、实践要求，持续推进进教材、进课堂、进头脑。坚持一致性和多样性相统一，高举爱国主义、社会主义旗帜，坚持求同存异、聚同化异、分类施教，开展联谊交友，寻求最大公约数，画出最大同心圆，引导各族各界人士手拉手、心连心、一起向未来。加强形势任务教育，引导学员认清纷繁复杂的国际形势的主流和本质，增强政治定力，始终同中国共产党想在一起、站在一起、干在一起。

坚持联合办学。整合资源、借势借力，实现系统集成、协同高效。加强与各民主党派中央的合作，在优化培训布局上突出民主党派代表人士这个重点，发挥院务咨询委员会机制作用，彰显"联合党校联合办"的特色。加强与相关中央单位、省区市部门和地方社会主义学院的合作，做好对民族、宗教界代表人士以及党外知识分子、非公有制经济人士、新的社会阶层人士、港澳台侨代表人士等的教育培养工作，做大做强共识教育主业。加强与战略合作单位的合作，建立健全经常性联络交流机制，以更好形成合力、提升工作。

坚持开放办学。融入国家战略，拓展国际视野，坚定走出去、聚天下英才而用之。加强与有关大学、智库、研究机构等的对接联系，巩固维系已建立的对外交流渠道，持续拓展新的渠道。拓宽研究视野、筑牢学术根基，在积极传承弘扬中华文化的同时，深入考察研究不同国家和地区的社会文化，做到知己知彼，为讲好更多为国际社会和海外受众所接受认同的中国故事奠定基础。充分发挥高端智库优势和功能，加强对新时代、新思想、新使命、新征程的学习研究，高度关注新发展阶段面临的新机遇新挑战，开展理论性、政策性、前瞻性和储备性研究。

坚持创新办学。适应新形势，破解新难题，展现新作为，提高办学治院水平。主动顺应互联网深度融入日常生活、广泛推动社会交往、深刻影响社会心态的发展趋势，建好用好维护好网上社会主义学院，让其成为团结力量、凝聚共识的阵地，成为学员对话交流、发展全过程人民民主的重要平台。提升课堂讲授的艺术性，以生动方法和数字化形式展示文化魅力、理论魅力，在潜移默化中增进价值共鸣、强化政治认同。

对百年团结奋斗历史最好的致敬，是以团结奋斗书写新的历史。我们要坚持以习近平新时代中国特色社会主义思想为指导，认真贯彻落实习近平总书记关于加强和改进统一战线工作的重要思想，推动新时代党的统一战线人才教育培养不断迈上新台阶，在巩固发展最广泛的爱国统一战线、凝聚实现中华民族伟大复兴的磅礴之力上展现新作为、作出新贡献。

《人民日报》（2022年03月22日）

靠团结奋斗开辟美好未来

段林萍

团结奋斗是中国人民创造历史伟业的必由之路。习近平总书记指出:"一百年来,党和人民取得的一切成就都是团结奋斗的结果,团结奋斗是中国共产党和中国人民最显著的精神标识。"我们靠团结奋斗创造了辉煌历史,还要靠团结奋斗开辟美好未来。

团结就是力量,奋斗开创未来。中国共产党的百年奋斗史,就是领导全国各族人民团结奋斗,不断取得胜利、不断创造辉煌的历史。党的十八大以来,以习近平同志为核心的党中央统筹中华民族伟大复兴战略全局和世界百年未有之大变局,以伟大的历史主动精神、巨大的政治勇气、强烈的责任担当,推动党和国家事业取得历史性成就、发生历史性变革,全党思想上更加统一、政治上更加团结、行动上更加一致,党的政治领导力、思想引领力、群众组织力、社会号召力显著增强。"比铁还硬,比钢还强"的团结之力和"风雨无阻向前进"的不懈奋斗,是中国共产党和中国人民创造历史伟业的精神密码,是继续在人类的伟大时间历史中创造中华民族的伟大历史时间的力量支撑。

百年奋斗历史告诉我们，围绕明确奋斗目标形成的团结才是最牢固的团结，依靠紧密团结进行的奋斗才是最有力的奋斗。中国共产党在百年奋斗中坚持崇高理想和坚定信念，团结带领中国人民进行的一切奋斗、一切牺牲、一切创造，就是为了实现中华民族伟大复兴，把我国建设成为社会主义现代化强国。在实现中华民族伟大复兴的历史进程中，中国共产党以为中国人民谋幸福、为中华民族谋复兴的初心使命，指引中国人民团结奋斗的方向，画出中华儿女团结奋斗的最大同心圆。

中国共产党是中国人民团结奋斗的主心骨。中国共产党具有无比坚强的领导力、组织力、执行力，党的领导是党和国家的根本所在、命脉所在，是全国各族人民的利益所系、命运所系。只有坚持党的领导，中国人民的团结奋斗才有主心骨，全国各族人民才能同心同德、同向同行，才能凝聚起实现中华民族伟大复兴的磅礴力量。当前，我们党团结带领中国人民开启了全面建设社会主义现代化国家的新征程，踏上了实现第二个百年奋斗目标新的赶考之路。越是伟大事业，越是充满挑战，越需要勠力同心、奋勇搏击。保证党的团结统一是党的生命，是我们党成为百年大党、创造历史伟业的关键所在。新的赶考之路上，治理好我们这个世界上最大的政党和人口最多的国家，必须坚持党的全面领导特别是党中央集中统一领导，坚持民主集中制，确保党始终总揽全局、协调各方。实践证明，只要全党团结成"一块坚硬的钢铁"，就能够把全国各族人民团结

"五个必由之路"

起来，形成万众一心、无坚不摧的磅礴力量。

实现中华民族伟大复兴是伟大而又艰巨的事业，需要全体中华儿女众志成城、万众一心，把一切力量都凝聚起来，把一切积极因素都调动起来。我们党为人民而生、因人民而兴，人民是党执政兴国的最大底气，是新征程上创造新的历史伟业的力量源泉。"治国有常，而利民为本。"必须始终把人民放在心中最高位置，始终心怀让人民生活幸福这个"国之大者"，不断用看得见、摸得着、叫得响、能共享的实践成果提升人民群众的获得感幸福感安全感，激发万众一心、昂扬奋进的热情与动力。在党的坚强领导下，全体中华儿女顽强拼搏、持续奋斗，一定能够在新征程上书写新的恢宏篇章、创造新的伟大成就。

《人民日报》（2022年04月19日）

团结奋斗：中国共产党和中国人民最显著的精神标识

王 强 李振东

力量生于团结，幸福源自奋斗。党的十九届六中全会通过的《中共中央关于党的百年奋斗重大成就和历史经验的决议》，把"坚持统一战线"作为党百年奋斗十条历史经验之一，深刻揭示了"团结""奋斗"是中华大地沧桑巨变的重要力量。在2022年春节团拜会上，习近平总书记鲜明指出，"团结奋斗是中国共产党和中国人民最显著的精神标识"。在参加十三届全国人大五次会议内蒙古代表团审议时，习近平总书记又把"团结奋斗是中国人民创造历史伟业的必由之路"列入"五个必由之路"来认识。这些重要论述，集中阐明了党和人民取得的一切成就都是团结奋斗的结果，饱含着坚定的历史自信和强烈的历史担当，激励全党全国各族人民紧密团结、艰苦奋斗，书写新的奋斗史诗。

"五个必由之路"

团结奋斗是一百年来中国共产党人、中国人民、中华民族锤炼铸就的宝贵精神品质

团结奋斗是党和人民在实现中华民族伟大复兴的过程中所历练形成的实践品格、精神品质,是历史凝练的宝贵经验,彰显着社会发展进步的科学规律,引领我们在新征程上踔厉奋发、笃行不怠。

中国共产党人攻坚克难的重要法宝。建立最广泛的统一战线,团结一切可以团结的力量,是马克思主义政党完成历史使命的重要战略和策略。我们党之所以能攻克一个又一个看似不可攻克的难关,创造一个又一个彪炳史册的人间奇迹,书写中华民族几千年历史上最恢宏的史诗,推动中华民族伟大复兴进入不可逆转的历史进程,就在于我们党始终坚持大团结大联合,团结一切可以团结的力量,调动一切可以调动的积极因素,促进政党关系、民族关系、宗教关系、阶层关系、海内外同胞关系和谐,最大限度凝聚起共同奋斗的力量。实践证明,团结一切可以团结的力量是党领导人民取得革命、建设、改革伟大成就的重要政治基础和前提条件。只要我们党不断巩固和发展各民族大团结、全国人民大团结、全体中华儿女大团结,形成万众一心、无坚不摧的磅礴力量,就能战胜一切强大敌人、一切艰难险阻。

中国人民走向幸福生活的奥秘所在。习近平总书记强调,"中国人民自古就明白,世界上没有坐享其成的好事,要幸福就要奋

斗""奋斗本身就是一种幸福"。实现人民对幸福生活的向往，最终靠的是党领导人民自觉的团结奋斗。近代以来，中国人民前所未有地组织起来，从国民革命联合战线到工农民主统一战线，从抗日民族统一战线到人民民主统一战线，再到爱国统一战线，心聚在了一起、血流到了一起，共同书写了抵御外来侵略、推翻反动统治、建设人民共和国、推进改革开放的英雄史诗。今天，中国人民拥有的一切，凝聚着中国人的聪明才智，浸透着中国人的辛勤汗水，蕴含着中国人的巨大牺牲。新长征之路，也是中国人民的幸福之路，路再长，只要我们坚持不懈奋斗下去，定能到达终点。

中华民族实现伟大复兴的不竭动力。中华优秀传统文化中蕴含着"兄弟同心，其利断金"的朴素道理，体现了中华民族自强不息的思想观念、价值取向、精神风貌和社会风尚。近代以后，在外来侵略的严峻形势下，中国人民深刻认识到，团结统一的中华民族是海内外中华儿女共同的根，博大精深的中华文化是海内外中华儿女共同的魂，实现中华民族伟大复兴是海内外中华儿女共同的梦。回望百年历史，从抗日战争到解放战争，从抗美援朝到多次边境自卫作战，中华民族手挽着手、肩并着肩，英勇奋斗、浴血奋战。从洪魔肆虐到山崩地裂，从雨雪冰冻灾害到新冠肺炎疫情，各族儿女团结奋斗、互帮互助。中华民族历经磨难，但从来没有被压垮过，而是愈挫愈勇，不断在磨难中升华属于自己的价值理念和精神图景。

"五个必由之路"

悉心领悟百年奋斗历史的深刻昭示

"团结就是力量,奋斗开创未来"。恩格斯认为,"历史是这样创造的:最终的结果总是从许多单个的意志的相互冲突中产生出来的","无数个力的平行四边形"的合力决定历史结果。毋庸置疑,团结奋斗的力量能够最大限度形成历史合力,创造出最为辉煌的"历史结果"。以唯物史观和正确党史观来审视,团结奋斗既是始终贯通党和人民百年奋斗历史的一条主线,也是党和人民在百年奋斗历程中共同探索形成的一个优良传统。从成立时只有50多名党员,到今天已成为拥有9500多万名党员、领导着14亿多人口大国、具有重大全球影响力的世界第一大执政党,中国共产党始终把统一战线摆在重要位置,不断巩固和发展"同行者"和"同盟军"。党的十八大以来,习近平总书记反复强调"团结""奋斗",蕴含的深层考量在于,新的时代重任、新的历史创造,比以往更加需要强大的精神引领。无论风云如何变幻,无论挑战如何严峻,只要我们精诚团结、共同奋斗,就没有任何力量能够阻挡中国人民迈向伟大复兴的步伐。

"能团结奋斗的民族才有前途,能团结奋斗的政党才能立于不败之地"。人心向背、力量对比是决定党和人民事业成败的关键,是最大的政治。统战工作的本质要求是大团结大联合,解决的就是人心和力量问题。过去一百年,我们党努力寻求最大公约数、画出最大同心圆,带领人民风雨无阻向前进。新中国成立前夕,各民主党派、爱国人士、社会贤达纷纷响应中国共产党号召,会聚在中共中央周围,共商国是、共襄盛举,迎接新中国的诞生。从党的百年奋斗历程来看,我们党永葆性质宗旨,始终同人民紧紧站在一起,掌握了团结奋斗的历史规律,从而赢得了创造伟大历史的主动权。新的赶考路上,习近平总书记站在实现中华民族伟大复兴的全局和战略高度,强调"统一战线始终是中国共产党凝聚人心、汇聚力量的重要法宝"。历史和现实昭示我们,什么时候保持团结统一、共同奋斗,什么时候我们的事业就能够顺利发展,我们的党和国家就有光明的前景。

"围绕明确奋斗目标形成的团结才是最牢固的团结,依靠紧密团结进行的奋斗才是最有力的奋斗"。团结和奋斗是内在统一的。一百年来,中国共产党团结带领中国人民进行的一切奋斗、一切牺牲、一切创造,就是为了实现中华民族伟大复兴,把我国建设成为社会主义现代化强国。从新中国成立后发出"为建设一个伟大的社会主义国家而奋斗"的雄伟号召,到改革开放和社会主义现代化建设新时期提出"三步走"的战略部署,再到新时代对实现"两个一百年"奋斗目标作出的全面部署,清晰的奋斗路线图如一面旗帜,让我们党的团结奋斗真正"有所指望""知所趋赴",形成全体中华儿女心往一处想、劲往一处使的生动局面。实践证明,紧扣党在不同历史时期的奋斗目标,广泛凝聚共识、智慧和力量,巩固和发展统一战线,是我们党不断从胜利走向新的胜利的宝贵经验。

"五个必由之路"

依靠团结奋斗继续创造令人刮目相看的奇迹

我们靠团结奋斗创造了辉煌历史，还要靠团结奋斗开辟美好未来。在新的赶考之路上，我们要发扬历史主动精神，更好地发挥统一战线的重要法宝作用，加强中华儿女大团结，凝聚万众一心的伟力，努力争取新的更加伟大的胜利和荣光。

始终坚持党对一切工作的领导。只有坚持党的领导，人民的团结奋斗才有主心骨。只有全党有核心、党中央有权威，才能把全党的智慧和力量凝聚起来，确保统一思想、统一意志、统一行动、步调一致向前进。新的征程上，我们面临的风险考验只会越来越复杂，甚至会遇到难以想象的惊涛骇浪。我们必须以高度的历史自觉、政治自觉、思想自觉、行动自觉，更加紧密地团结在以习近平同志为核心的党中央周围，全面贯彻习近平新时代中国特色社会主义思想，深入领会"两个确立"的决定性意义，不断增强"四个意识"、坚定"四个自信"、做到"两个维护"，始终在思想上政治上行动上同以习近平同志为核心的党中央保持高度一致，为实现第二个百年奋斗目标、实现中华民族伟大复兴的中国梦砥砺奋进、接续奋斗。

始终坚持为人民幸福而奋斗。对中国共产党人来说，最大的幸福莫过于为人民幸福而奋斗。在新的征程上，我们必须始终坚守初心使命，坚持让人民生活幸福是"国之大者"，践行以人民为中心的发展思想，坚持发展为了人民、发展依靠人民、发展成果由人民共享，坚定不移走全体人民共同富裕道路，切实做到"民之所忧，我必念之；民之所盼，我必行之"，着力解决好人民最关心最直接最现实的问题，不断实现好、维护好、发展好最广大人民根本利益，让我们在实现中华民族伟大复兴历史进程中共享幸福荣光。

始终坚持依靠人民创造历史伟业。中国共产党根基在人民、血脉在人民、力量在人民。我们党历经挫折而不断奋起、历尽磨难而淬火成钢，正是因为始终把人民作为"源"和"本"，深深植根于人民之中。新时代属于每一个人，每一个人都是新时代的见证者、开创者、建设者，每一个人的努力和奋斗都会在新时代的壮丽画卷中留下印记。前进道路上，我们要始终坚持人民主体地位，尊重人民首创精神，把各方面优秀人才集聚到党和人民的伟大奋斗中来；团结一切可以团结的力量，正确处理一致性和多样性的关系，铸牢中华民族共同体意识，形成海内外全体中华儿女心往一处想、劲往一处使的生动局面；带领和依靠全体人民撸起袖子实干苦干，以实际行动把党中央决策部署落实到位，向历史和人民交出一份优异答卷。

《光明日报》（2022年03月25日）

团结奋斗是中国人民创造历史伟业的必由之路

唐 斌

2022年3月5日,习近平总书记在参加十三届全国人大五次会议内蒙古代表团审议时明确提出"五个必由之路"的重大论断,其中第三个必由之路是"团结奋斗是中国人民创造历史伟业的必由之路"。习近平总书记指出:"只要在党的领导下全国各族人民团结一心、众志成城,敢于斗争、善于斗争,我们就一定能够战胜前进道路上的一切困难挑战,继续创造令人刮目相看的新的奇迹。"力量生于团结,幸福源自奋斗,在党的坚强领导下,沿着中国特色社会主义道路,全国各族人民紧密团结、砥砺奋斗,一定能够创造属于中华民族的新的伟业。

团结奋斗的优势源自党的领导。中国共产党是领导我们事业的核心力量,历史和现实都证明,没有中国共产党,就没有新中国,就没有中华民族伟大复兴。党带领人民团结奋斗,是在科学理论指引下,沿着正确方向不断前进的奋斗过程。党在百年奋斗的历史征程中,不断将马克思主义与中国具体实际相结合,团结带领人民不断探索符合中国实际的革命、建设、改革道路，成功走出中国式现代化新道路，创造了人类文明新形态，充分发挥了作为领导核心的政治优势。习近平总书记指出："中国共产党领导是中国特色社会主义最本质的特征，是中国特色社会主义制度的最大优势，是党和国家的根本所在、命脉所在，是全国各族人民的利益所系、命运所系。"新时代团结奋斗就要充分发挥党的领导这一最大优势，坚持党的全面领导不动摇，坚决维护党的核心和党中央权威，把党的领导落实到党和国家事业各领域各方面各环节，确保全党全军全国各族人民团结一致向前进。

团结奋斗的力量源自广泛团结。建立最广泛的统一战线，是中国共产党带领中国人民克敌制胜的重要法宝。党带领人民团结奋斗，是不断积聚力量，不断取得胜利的奋斗过程。党在百年奋斗的历史征程中，借助国共统一战线、工农民主统一战线、抗日民族统一战线、人民民主统一战线和爱国统一战线，在各个历史时期，取得了一个又一个重大成就。习近平总书记指出："在百年奋斗历程中，中国共产党始终把统一战线摆在重要位置，不断巩固和发展最广泛的统一战线，团结一切可以团结的力量、调动一切可以调动的积极因素，最大限度凝聚起共同奋斗的力量。"新时代团结奋斗就是要用增强"四个意识"、坚定"四个自信"、做到"两个维护"铸牢党的团结，用实现国家富强、民族振兴、人民幸福的中国梦铸牢全国人民大团结，用构建人类命运共同体理念铸牢全世界进步力量大团结，最广泛汇聚起实现民族复兴的磅礴伟力。

"五个必由之路"

团结奋斗的保障源自敢于斗争。敢于斗争、敢于胜利，是党和人民不可战胜的强大精神力量。党带领人民团结奋斗，是以团结伟力不断战胜各种困难挑战的奋斗过程。党在百年奋斗的历史征程中，始终直面风险和挑战、直面强敌和困境，为了人民、国家、民族，为了理想信念，敢于斗争、善于斗争，以斗争促团结，从苦难走向辉煌、从胜利走向胜利。习近平总书记强调："在前进道路上我们面临的风险考验只会越来越复杂，甚至会遇到难以想象的惊涛骇浪。我们面临的各种斗争不是短期的而是长期的，至少要伴随我们实现第二个百年奋斗目标全过程。"新时代团结奋斗就是要把握新的伟大斗争的历史特点，发扬斗争精神，增强斗争本领，凝聚起全党全国人民的意志和力量，不断战胜一切可以预见和难以预见的风险挑战。

团结奋斗的目标指向创造伟业。为中国人民谋幸福、为中华民族谋复兴，是中国共产党人的初心和使命。党带领人民的团结奋斗，是实现中华民族伟大复兴的奋斗过程。党在百年奋斗的历史征程中，创造了新民主主义革命的伟大成就，创造了社会主义革命和建设的伟大成就，创造了改革开放和社会主义现代化建设的伟大成就，创造了新时代中国特色社会主义的伟大成就，这些都是中国共产党团结带领人民以英勇顽强的奋斗取得的重大成就。习近平总书记指出："回首过去，展望未来，有中国共产党的坚强领导，有全国各族人民的紧密团结，全面建成社会主义现代化强国的目标一定能够实现，中华民族伟大复兴的中国梦一定能够实现！"新时代团结奋斗，就是要咬定青山不放松、锚定目标不动摇，这就要求全党全军全国各族人民更加紧密地团结在以习近平同志为核心的党中央周围，为实现第二个百年奋斗目标、实现中华民族伟大复兴的中国梦而不懈奋斗。

人心齐，泰山移。回望百年奋进路，团结奋斗的中国人民在党的领导下书写了中华民族几千年历史上最恢宏的史诗。展望未来前行路，团结奋斗的中国人民定将继续在党的领导下，书写华章、再创辉煌，实现中华民族的伟大复兴！

《光明日报》（2022年04月11日）

增进团结统一

祝灵君

习近平总书记在主持中央政治局党史学习教育专题民主生活会时指出，我们党走过了一百年的光辉历程，团结带领人民取得了举世瞩目的重大成就，积累了极其宝贵的历史经验。全党要学史明理、学史增信、学史崇德、学史力行，就是为了增加历史自信、增进团结统一、增强斗争精神。保证党的团结统一是党的生命，也是我们党能成为百年大党、创造世纪伟业的关键所在。党的十八大以来，经过全党共同努力，党的团结统一达到了新的高度，党和国家事业取得历史性成就、发生历史性变革。在新的奋斗征程中，中国共产党依然要靠钢铁般的党内团结带动人民团结，成功应对前进道路上越来越复杂的风险考验和难以想象的惊涛骇浪，确保实现中华民族伟大复兴的目标。

党的团结统一是党的无价之宝

党的团结统一是马克思主义政党的一项基本原则，是党的生命所系，是全国各族人民的根本利益所在。1943年5月26日，毛泽东在延安干部大会上所作的《关于共产国际解散问题的报告》中指出："有两种团结是绝对必要的：一种是党内的团结，一种是党同人民的团结。这些就是战胜艰难环境的无价之宝，全党同志必须珍爱这两个无价之宝。"1954年召开的党的七届四中全会通过的《关于增强党的团结的决议》指出："党的团结是党的生命，是马克思列宁主义的基本原则，破坏党的团结就是违反马克思列宁主义的基本原则，就是帮助敌人来危害党的生命。"党的十一届六中全会通过的《关于建国以来党的若干历史问题的决议》指出："党的团结，党同人民的团结，是进行社会主义现代化建设、夺取新的胜利的根本保证。"这些文献精辟地阐述了党内团结的价值以及和人民团结的辩证关系。只要全党团结成"一块坚硬的钢铁"，就一定能够把全国各族人民团结起来，形成万众一心、无坚不摧的磅礴力量，战胜一切强大敌人、一切艰难险阻。

回顾党的百年奋斗史，党的团结高于一切。遵义会议前，我们党还不成熟，特别是没有形成一个成熟的党中央，无法形成全党的团结统一。这是党和人民事业在革命早期屡遭挫折甚至面临失败危险的重要原因。遵义会议开始确立以毛泽东同志为主要代表的马克思主义正确路线在党中央的领导地位，开始形成以毛泽东同志为核心的党的第一代中央领导集体。从此，中国共产党更加自觉地把党的团结统一视作党的生命，倍加呵护、倍加珍惜。党的十八大以来，我们党与破坏党的团结统一的各种现象都进行了坚决斗争，党的团

"五个必由之路"

结统一达到新高度,全党同志更加深刻体会到这个无价之宝须臾不可离。党内无论是谁,只要破坏党的团结统一,就是与党的纪律不相容、与党的初心不相容、与党的使命不相容。因此,维护党的团结统一是全党同志增强党性的根本要求,是成熟的马克思主义政党建党的根本原则。

党的团结统一首先是政治上的团结统一

维护党的团结统一,是加强党的政治建设的根本目的。马克思恩格斯在《共产党宣言》指出:"过去的一切运动都是少数人的或者为少数人谋利益的运动。无产阶级的运动是绝大多数人的、为绝大多数人谋利益的独立的运动。"始终为绝大多人谋利益,以绝大多数人的利益为行动方向,把绝大多数人团结起来,这就是中国共产党人讲政治的出发点和落脚点。如果说,讲政治是提升全党同志政治素质和能力的硬性要求,加强党的政治建设则是讲政治的制度安排。只有将党的政治建设摆在首位并发挥统领作用,才能确保全党同志以小格局服从大格局、小利益服从更大利益、小我服从大我,牢记"国之大者",并在此基础上实现党的团结统一、行动一致。一百年来,中国共产党始终重视党的政治建设,教育引导广大党员、干部增强政治意识、坚定政治方向、站稳政治立场,坚决贯彻执行党的政治路线,推动全党始终保持统一的思想、坚定的意志、协调的行动、强大的战斗力。

事在四方，要在中央。党的历史告诉我们：要治理好我们这个大党、治理好我们这个大国，保证党的团结和集中统一至关重要，维护党中央权威至关重要。党内团结统一首先取决于党中央团结统一，党中央团结统一取决于党中央既有强有力的领导集体，又有强有力的领导核心。坚持和加强党的全面领导，最重要的是坚决维护党中央权威和集中统一领导；坚决维护党中央权威和集中统一领导，最关键的是坚决维护习近平同志党中央的核心、全党的核心地位。全党同志增强"四个意识"、坚定"四个自信"、做到"两个维护"，就是维护全党团结、带动人民团结的不二秘诀。

党的团结统一必须建立在党的指导思想基础上

党的团结统一，是指全党在马克思主义原则基础上形成的政治、思想、组织上的统一以及行动上的一致。坚定马克思主义信仰、共产主义远大理想、中国特色社会主义共同理想，坚守人民立场，是中国共产党人的精神支柱和政治灵魂，也是始终维护党的团结统一的思想基础。中国共产党自诞生之日起，就以马克思主义作为自己的指导思想，不断推进马克思主义中国化时代化，创立了毛泽东思想，创立了邓小平理论，形成了"三个代表"重要思想，形成了科学发展观，创立了习近平新时代中国特色社会主义思想，实现了马克思主义中国化的三次飞跃。而每一次飞跃，都使中国共产党人在新的时代条件下保持了思想和认识的高度一致，并在政治和思想一致的基础上实现党的团结统一。

党的十九届六中全会把"党确立习近平同志党中央的核心、全党的核心地位,确立习近平新时代中国特色社会主义思想的指导地位"写入百年大党的第三份历史决议。习近平新时代中国特色社会主义思想是当代中国马克思主义、二十一世纪马克思主义,是中华文化和中国精神的时代精华。确立习近平新时代中国特色社会主义思想的指导地位,必将使全党全军全国各族人民获得强大的精神力量,党心军心民心空前凝聚振奋,对新时代党和国家事业发展、对推进中华民族伟大复兴历史进程具有决定性意义。因此,要始终坚持以习近平新时代中国特色社会主义思想武装全党、教育人民,让党的科学理论飞入寻常百姓家,以全党思想上的高度一致确保人民认识和行动上的高度一致,从而凝聚起人民的磅礴伟力。

以党的团结统一确保全党步调一致向前进

习近平总书记指出:"党的团结统一靠什么来保证?要靠共同的理想信念,靠严密的组织体系,靠全党同志的高度自觉,还要靠严明的纪律和规矩。"维护党的团结统一,党员领导干部尤其是党的高级干部应该发挥表率作用。党的高级干部要把维护和巩固党的团结统一作为指导自己言论和行动的根本标准,即有利于党的团结的话就说,不利于党的团结的话就不说;有利于党的团结的事就做,不利于党的团结的事就不做。

维护党的团结统一，要求全党同志必须做到对党忠诚，即忠诚党和人民，忠诚党的理想信念，忠诚党的初心使命，忠诚党的组织，忠诚党的理论和路线方针政策，严守党的政治纪律和政治规矩，不断增强维护党中央集中统一领导的政治自觉、思想自觉、行动自觉，确保步调一致、行动一致。全党同志要坚持按民主集中制原则处理党内组织和组织、组织和个人、同志和同志、集体领导和个人分工负责等重要关系，发扬党内民主，维护党的团结和集中统一。

《学习时报》（2022年01月12日）

>> 拓展阅读

坚持团结奋斗,走好必由之路

兰琳宗

力量生于团结,幸福源自奋斗。习近平总书记在参加十三届全国人大五次会议内蒙古代表团审议时强调,团结奋斗是中国人民创造历史伟业的必由之路。只要在党的领导下全国各族人民团结一心、众志成城,敢于斗争、善于斗争,我们就一定能够战胜前进道路上的一切困难挑战,继续创造令人刮目相看的新的奇迹。

一百年来,党和人民取得的一切成就都是团结奋斗的结果,团结奋斗是中国共产党和中国人民最显著的精神标识。中国共产党自成立以来,始终坚守为人民谋幸福、为民族谋复兴的初心使命,团结带领全国各族人民为争取民族独立、人民解放和实现国家富强、人民幸福而不懈奋斗。特别是党的十八大以来,在以习近平同志为核心的党中央坚强领导下,14亿多中国人民勠力同心、攻坚克难,推动党和国家事业取得历史性成就、发生历史性变革，实现中华民族伟大复兴进入了不可逆转的历史进程。百年奋斗历史深刻表明，团结就是力量，奋斗开创未来；能团结奋斗的民族才有前途，能团结奋斗的政党才能立于不败之地。百年奋斗历史还告诉我们，围绕明确奋斗目标形成的团结才是最牢固的团结，依靠紧密团结进行的奋斗才是最有力的奋斗。

只有坚持党的领导，人民的团结才有主心骨；只有坚持党的领导，人民的奋斗才有坐标系。中国共产党领导是中国特色社会主义最本质的特征，是中国特色社会主义制度的最大优势，也是团结一切可以团结力量的根本保证。在改革发展稳定、内政外交国防、治党治国治军各项事业中，我们党始终处于总揽全局、协调各方的核心统领地位。要做到团结奋斗，就必须坚持党的全面领导，坚决维护党中央权威和集中统一领导。无论是打赢脱贫攻坚战、如期全面建成小康社会，还是抗击新冠肺炎疫情、成功举办冬奥会，实践一再证明，只有在中国共产党的坚强领导下，才能把全国各族人民团结起来，形成万众一心、无坚不摧的磅礴力量，战胜一切艰难险阻、一切风险挑战。

江山就是人民、人民就是江山。对中国共产党人来说，世界上最大的幸福莫过于为人民幸福而奋斗。回望过往，我们党的历史就是党与人民心心相印、与人民同甘共苦、与人民团结奋斗的历史。展望未来，心中装着百姓，手中握有真理，脚踏人间正道，我们信

"五个必由之路"

心十足、力量十足。要永远保持党同人民群众的血肉联系，站稳人民立场，坚持人民主体地位，尊重人民首创精神，践行以人民为中心的发展思想，不断实现好、维护好、发展好最广大人民根本利益，解决好人民群众最关心最直接最现实的利益问题，团结带领全国各族人民不断为美好生活而奋斗，让人民群众的获得感成色更足、幸福感更可持续、安全感更有保障，得人心、筑同心，凝聚起更加强大的奋进力量。

不断巩固和发展各民族大团结、全国人民大团结、全体中华儿女大团结，铸牢中华民族共同体意识。实现中华民族伟大复兴是十分伟大而又十分艰巨的事业，需要全体中华儿女心往一处想、劲往一处使，把一切力量都凝聚起来，把一切积极因素都调动起来。党始终坚持大团结大联合，团结一切可以团结的力量，调动一切可以调动的积极因素，促进政党关系、民族关系、宗教关系、阶层关系、海内外同胞关系和谐，最大限度凝聚起共同奋斗的力量。要大力弘扬爱国主义精神，树立高度的民族自尊心和民族自信心，不断巩固和发展最广泛的爱国统一战线，广泛凝聚中华民族一切智慧和力量，形成海内外全体中华儿女万众一心、共襄民族复兴伟业的生动局面。

我们靠团结奋斗创造了辉煌历史，还要靠团结奋斗开辟美好未来。新征程上，还有许多"雪山""草地"需要跨越，还有许多"娄山关""腊子口"需要征服。要弘扬伟大建党精神，铭记生于忧患、死于安乐的古训，常怀远虑、居安思危、紧密团结、艰苦奋斗，继续把中华民族伟大复兴的历史伟业推向前进。无论风云如何变幻，无论挑战如何严峻，只要14亿多中国人民始终手拉着手一起向未来，只要9500多万中国共产党人始终与人民心连着心一起向未来，我们就一定能在新的赶考之路上赢得更加伟大的胜利和荣光。

《中国纪检监察报》（2022年03月13日）

第五编

贯彻新发展理念是新时代我国发展壮大的必由之路。只要完整、准确、全面贯彻新发展理念,加快构建新发展格局,推动高质量发展,加快实现科技自立自强,我们就一定能够不断提高我国发展的竞争力和持续力,在日趋激烈的国际竞争中把握主动、赢得未来。

贯彻新发展理念是新时代我国
发展壮大的必由之路

经济保持恢复发展，国内生产总值达到114万亿元，增长8.1%；创新能力进一步增强，载人航天、火星探测、资源勘探、能源工程等领域实现新突破；经济结构和区域布局继续优化，高技术制造业增加值增长18.2%，区域发展战略有效实施……过去一年，面对复杂严峻的国际形势、艰巨繁重的国内改革发展稳定任务特别是新冠肺炎疫情严重冲击，中国经济交出了一份极为不易、亮点突出的成绩单。这是以习近平同志为核心的党中央坚强领导的结果，是完整、准确、全面贯彻新发展理念的结果，是全党全国各族人民顽强拼搏的结果。

贯彻新发展理念是关系我国发展全局的一场深刻变革。在参加十三届全国人大五次会议内蒙古代表团审议时，习近平总书记回顾新时代党和人民奋进历程，高度概括了这一历程中形成的"五个必由之路"重要认识，其中一个重要认识就是"贯彻新发展理念是新时代我国发展壮大的必由之路"。奋进新征程、建功新时代，必须把新发展理念贯穿发展全过程和各领域，实现更高质量、更有效率、更加公平、更可持续、更为安全的发展。

我们党领导人民治国理政，很重要的一个方面就是要回答好实现什么样的发展、怎样实现发展这个重大问题。实践告诉我们，发展是一个不断变化的进程，发展环境不会一成不变，发展条件不会一成不变，发展理念自然也不会一成不变。党的十八大以来，以习近平同志为核心的党中央对经济形势进行科学判断，对经济社会发展提出了许多重大理论和理念，对发展理念和思路作出及时调整，其中新发展理念是最重要、最主要的。从"十三五"圆满收官，到"十四五"实现良好开局；从我国经济发展平衡性、协调性、可持续性明显增强，到人民生活全方位改善；从美丽中国建设迈出重大步伐，到高质量共建"一带一路"稳步推进……实践充分证明，新发展理念是指挥棒、红绿灯，是我国新时代发展思路、发展方向、发展着力点的集中体现，是管全局、管根本、管长远的导向。

创新、协调、绿色、开放、共享五大发展理念，是我们在深刻总结国内外发展经验教训的基础上形成的，也是在深刻分析国内外发展大势的基础上形成的，集中反映了我们党对经济社会发展规律认识的深化，也是针对我国发展中的突出矛盾和问题提出来的。当

"五个必由之路"

前,我国社会主要矛盾已经转化为人民日益增长的美好生活需要和不平衡不充分的发展之间的矛盾,发展中的矛盾和问题集中体现在发展质量上。这就要求我们必须把发展质量问题摆在更为突出的位置,着力提升发展质量和效益。习近平总书记强调:"高质量发展就是体现新发展理念的发展,是经济发展从'有没有'转向'好不好'。"各级党委和政府必须紧紧扭住新发展理念推动发展,把注意力集中到解决各种不平衡不充分的问题上来,决不能再回到简单以国内生产总值增长率论英雄的老路上去,决不能再回到以破坏环境为代价搞所谓发展的做法上去,更不能再回到粗放式发展的模式上去。总之,进入新发展阶段,对新发展理念的理解要不断深化,举措要更加精准务实,真正实现高质量发展。

习近平总书记强调:"全党必须完整、准确、全面贯彻新发展理念。"经济社会发展是一个多维度、多层次、多因素的整体,新发展理念作为发展实践的思想引领,也是一个内涵丰富的整体。新发展理念是习近平经济思想的主要内容,回答了关于发展的目的、动力、方式、路径等一系列理论和实践问题,阐明了我们党关于发展的政治立场、价值导向、发展模式、发展道路等重大政治问题,具有很强的战略性、纲领性、引领性。无论是中央层面还是部门层面,无论是省级层面还是省以下各级层面,在贯彻落实中都要完整把握、准确理解、全面落实,把新发展理念贯彻到经济社会发展全过程和各领域。坚持从根本宗旨把握新发展理念,从问题导向把握新发展理念,从忧患意识把握新发展理念,方能更好实现创新成为第一动力、协调成为内生特点、绿色成为普遍形态、开放成为必由之路、共享成为根本目的的高质量发展。

今年全国两会期间，来自贵州六盘水的吴明兰代表一身布依族传统服饰，吸引了不少人的目光。有人夸赞："你的'布依蓝'和北京的蓝天一样漂亮。"从一度为大气污染问题所困扰，到"蓝天经常见了"，各地空气的变化，折射的正是新发展理念对促进我国经济社会持续健康发展产生的重大作用。新征程上，只要完整、准确、全面贯彻新发展理念，加快构建新发展格局，推动高质量发展，加快实现科技自立自强，我们就一定能够不断提高我国发展的竞争力和持续力，在日趋激烈的国际竞争中把握主动、赢得未来。

深入贯彻新发展理念　加快构建新发展格局

国家发展和改革委员会

习近平总书记在2021年1月11日省部级主要领导干部学习贯彻党的十九届五中全会精神专题研讨班开班式上强调，加快构建以国内大循环为主体、国内国际双循环相互促进的新发展格局，是"十四五"规划《建议》提出的一项关系我国发展全局的重大战略任务，需要从全局高度准确把握和积极推进。我们要认真贯彻落实习近平总书记重要讲话精神，科学把握新发展阶段，深入贯彻新发展理念，加快构建新发展格局，着力推动高质量发展，实现经济行稳致远、社会安定和谐。

一、充分认识加快构建新发展格局的重大意义

构建新发展格局明确了我国经济现代化的路径选择，是党中央根据我国发展阶段、环境、条件、任务、要求变化，特别是基于我国比较优势变化，审时度势作出的重大决策，是把握未来发展主动

权的战略性布局和先手棋，对我国实现更高质量、更有效率、更加公平、更可持续、更为安全的发展，意义重大而深远。

构建新发展格局是适应新发展阶段要求的主动选择。从国际比较看，大国经济的特征都是内需为主导、内部可循环。党的十八大以来，我们坚持实施扩大内需战略，使发展更多依靠内需特别是消费需求拉动，对外贸易依存度从2012年的47.3%下降到2020年的31.7%，延续2006年达到峰值后持续下降的趋势；过去9年中有4个年份内需对经济增长的贡献率超过100%，国内大循环活力日益强劲。近年来，经济全球化遭遇逆流，一些主要国家政策内顾倾向上升，国际经济循环格局发生深度调整，市场和资源两头在外的国际大循环动能明显减弱，伴随着我国决胜全面建成小康社会取得决定性成就，并向第二个百年奋斗目标进军，国内需求结构、产业结构、技术体系和经济增长动能等都在发生深刻变化。我们必须遵循大国发展规律，对国内经济循环同国际经济循环的关系主动作出调整，根据新形势新任务提出引领发展的新思路新格局。

构建新发展格局是深入贯彻新发展理念的重大举措。党的十八大以来，以习近平同志为核心的党中央对经济社会发展提出了许多重大理论和理念，其中新发展理念是最重要的、最主要的，社会各界对贯彻新发展理念已经形成高度共识，实践也在不断深化。当前，我国发展不平衡不充分问题仍然突出，创新能力不适应高质量发展要求，地区差距、城乡差距、收入差距较大，生态环保任重道远，民生保障和社会治理还有不少短板弱项。我们必须树牢系统观念，

"五个必由之路"

坚持目标导向和问题导向，统筹处理当前和长远、自主和开放、政府和市场、全局和局部、发展和安全等重大关系，打通堵点、补齐短板、畅通循环，不断提高发展质量效益，把贯彻新发展理念的实践不断引向深入。

构建新发展格局是应对国际环境深刻变化的必然要求。当前，国际力量对比正在发生历史性变化，国际政治经济环境日趋复杂，世界进入动荡变革期，我们将面对更多逆风逆水的外部环境，必须做好应对一系列新的风险挑战的准备，从统筹发展和安全的高度深刻把握和认识这一变化，更多立足国内谋划发展，加快推进解决关键核心技术"卡脖子"和部分商品对外采购率过高的问题，畅通国内经济大循环，形成强大的国内经济循环体系和稳固的基本盘，不断增强经济体系的抗冲击能力。只有这样才能提高我们的生存力、竞争力、发展力、持续力，在国际风云变幻中始终充满朝气生存和发展下去。与此同时，坚持在开放发展中争取战略主动，通过扩大更高水平的对外开放，充分利用国际国内两个市场两种资源，以国际循环提升国内大循环效率和水平，改善我国生产要素质量和配置水平，塑造我国在国际竞争和发展中的新优势。

二、准确把握构建新发展格局面临的机遇和挑战

当前和今后一个时期，我国发展仍然处于重要战略机遇期，但机遇和挑战都有新的发展变化。加快构建新发展格局具有坚实基础

和巨大优势,总体上机遇大于挑战,机遇更具有战略性、可塑性,挑战更具有复杂性、全局性,挑战前所未有,应对好了,机遇也就前所未有。

从国际看,世界百年未有之大变局加速演进,国际经济、科技、政治、安全等格局都在发生深刻调整。一是新冠肺炎疫情加快世界经济格局演变,世界经济在大幅下行后有望出现恢复性增长,但发达经济体经济走势分化明显,新兴经济体和发展中国家复苏面临较多困难。二是全球产业链分工格局加速调整。各国更加重视本国供应链安全,生产网络区域化、本地化趋势更加明显。新一轮科技革命和产业变革深入发展,各国抢占新一轮科技制高点的竞争更趋激烈。三是经济全球化遭遇逆流。部分发达经济体实施贸易保护政策,推动建立排他性保护性较强的区域贸易协定,新兴经济体面临更高贸易投资规则门槛。四是传统与非传统安全风险交织蔓延。单边主义、保护主义、霸权主义对世界和平与发展构成威胁,恐怖主义、气候变化、重大传染性疾病、网络安全等非传统安全风险明显增加。

从国内看,我国正处于转变发展方式、优化经济结构、转换增长动力的攻关阶段,结构性、体制性、周期性问题相互交织。一是国内经济恢复的基础尚不牢固。经济循环梗阻加快打通、市场预期不断改善,但内需稳步回升受到制约,居民消费恢复相对滞后,企业特别是制造业企业投资意愿不强。二是发展质量效益有待提高。一些关键核心技术受制于人,部分关键元器件、零部件、原材料依赖进口。低端无效供给过剩与中高端有效供给不足并存,金融、房地产与实体经济发展不够均衡。三是重点领域风险不容忽视。粮食供求仍将维持紧平衡状态，油气对外采购率较高，能源资源安全面临不少挑战。宏观杠杆率仍然较高，银行不良贷款风险可能继续显现，一些企业生产经营存在较多困难。四是民生保障仍存短板。就业压力大和招工难问题并存，新成长劳动力数量仍处高位，制造业、中小企业招工难题更加凸显。公共服务供需不均衡问题仍然突出，人口老龄化程度加深，老年抚养比持续上升，对养老保障可持续性造成较大挑战。

在看到风险挑战的同时，也要看到我国已转向高质量发展阶段，构建新发展格局具有多方面突出优势和条件。我们有以习近平同志为核心的党中央的坚强领导，有习近平新时代中国特色社会主义思想的科学指引，在面对困难复杂局面时能够万众一心、众志成城，凝聚起破浪前行的强大力量，这是我国发展的最大有利条件和优势所在。我们有中国特色社会主义制度的显著优势，国家治理体系和治理能力现代化取得重大进展，各方面制度更加成熟更加定型，防范和化解重大风险体制机制不断健全，突发公共事件应急能力显著增强，发展安全保障更加有力。我们有雄厚的物质基础，粮食总产量连续6年超过1.3万亿斤，220多种工业产品产量居世界第一位，高铁运营里程、高速公路里程、5G终端连接数均居世界第一，经济高质量发展的基础更加坚实。我们有规模庞大和最具增长潜力的消费市场，拥有14亿人口、4亿多中等收入人群、1.3亿多户市场主体和1.7亿多受过高等教育或拥有各种专业技能的人才，有条件、有能力充分发挥大国经济的规模效应和集聚效应,有力推动构建新发展格局。

三、坚持以新发展理念引领构建新发展格局

构建新发展格局是一个系统工程,必须把新发展理念完整、准确、全面贯彻到构建新发展格局的全过程和各领域,找准加快构建新发展格局的着力点和突破口,切实将党中央、国务院各项部署落到实处。

坚持创新驱动发展,巩固增强国内大循环主体地位。这是决定我国生存和发展的基础能力,也是确保国内大循环畅通、塑造我国在国际大循环中新优势的关键。加快构建新发展格局,必须把科技自立自强作为国家发展的战略支撑,注重以高质量供给适应引领创造新需求,形成消费和投资互促共进的强大国内市场。加快完善科技创新体制机制,强化国家战略科技力量,提升企业技术创新能力,激发人才创新活力。加快发展现代产业体系,推动产业链供应链优化升级,发展壮大战略性新兴产业,形成需求牵引供给、供给创造需求的更高水平动态平衡。加快培育完整内需体系,把实施扩大内需战略同深化供给侧结构性改革有机结合起来,紧扣改善民生拓展需求,提升传统消费,培育新型消费,发展服务消费,适当增加公共消费。促进消费与投资良性互动,加大投资补短板力度,加强现代流通体系建设,推进新型基础设施、新型城镇化、交通水利等重

"五个必由之路"

大工程建设。

实行高水平对外开放，推动国内国际双循环相互促进。这是以开放促改革促发展、充分发挥比较优势、提高资源配置效率的重要途径。加快构建新发展格局，必须着眼于促进国内国际大循环的良性互动，实施更大范围、更宽领域、更深层次对外开放，促进国际合作，开拓互利共赢新局面。增强对外贸易综合竞争力，推进外贸企业转型升级，优化促进外贸发展的财税政策。推进贸易和投资自由化便利化，进一步缩减外资准入负面清单，落实准入后国民待遇，完善自由贸易试验区布局，稳步推进海南自由贸易港建设。推动共建"一带一路"高质量发展，加强发展战略和政策对接，推进基础设施互联互通，深化国际产能合作。积极参与全球治理体系改革和建设，推动构建人类命运共同体。

推进城乡区域协调发展，培育壮大发展动力源。这是在全国统一大市场基础上搞国内大循环的集中体现。加快构建新发展格局，必须增强城乡区域发展协调性，优化国内大循环的空间布局。推动农业农村现代化，深化农业供给侧结构性改革，优化农业生产结构和区域布局，健全城乡融合发展体制机制，做好巩固拓展脱贫攻坚成果同乡村振兴有效衔接。坚定实施区域重大战略、区域协调发展战略，健全区域协调发展机制，形成优势互补、高质量发展的区域经济布局。推进以人为核心的新型城镇化，深化户籍制度改革，完善城市群一体化发展体制机制，促进大中小城市和小城镇协调发展。坚持宜山则山、宜水则水，宜粮则粮、宜农则农，宜工则工、宜商则商，塑造城市化地区、农产品主产区、生态功能区三大空间优势互补的区域格局。

大力推动绿色低碳发展，促进人与自然和谐共生。这是提升国内大循环质量效益的重要手段。加快构建新发展格局，必须坚持尊重自然、顺应自然、保护自然，大力推进生态文明建设，促进国内大循环的绿色低碳发展。持续改善环境质量，深入开展污染防治行动，全面提升环境基础设施水平，完善能源消费总量和强度双控制度，制定和实施2030年前碳排放达峰行动方案，力争2060年前实现碳中和。促进发展方式绿色转型，坚决遏制高耗能、高排放项目盲目发展，推进重点行业和重要领域绿色化改造。全面推进资源高效利用，加快构建废旧物资循环利用体系，推动垃圾资源化利用和无害化处置。

切实保障和改善民生，不断增强人民群众获得感幸福感安全感。这是畅通国内大循环的出发点和落脚点，也是国内国际双循环相互促进的关键联结点。加快构建新发展格局，必须坚持以人民为中心的发展思想，加强普惠性、基础性、兜底性民生建设，让发展成果更多更公平惠及全体人民。把促进全体人民共同富裕摆在更加重要位置，通过开展示范区建设，探索扎实推动共同富裕的有效途径。优化收入分配格局，健全各类生产要素由市场评价贡献、按贡献决定报酬的机制，提高劳动报酬在初次分配中的比重，完善再分配调节体系。提高公共服务质量和水平，加快补齐基本公共服务短板，继续实施就业优先战略，加快健全覆盖全民、统筹城乡、公平

"五个必由之路"

统一、可持续的多层次社会保障体系。

统筹发展安全两件大事,强化国家经济安全保障。这是构建新发展格局的重要前提和保障,也是畅通国内大循环的题中应有之义。加快构建新发展格局,必须增强忧患意识、坚持底线思维,随时准备应对更加复杂困难的局面。深入实施藏粮于地、藏粮于技战略,抓住耕地和种子两个关键,严守18亿亩耕地红线,实施黑土地保护工程,推进现代种业提升工程,开展种源"卡脖子"技术攻关,深化粮食等重要农产品收储制度改革,确保谷物基本自给、口粮绝对安全。坚持立足国内、补齐短板、多元保障、强化储备,完善能源产供储销体系,优化能源结构,增强能源持续稳定供应和风险管控能力。提升产业基础能力和产业链水平,打好关键核心技术攻坚战,构建自主可控、安全高效的产业链供应链,增强产业体系抗冲击能力。积极参与配合做好稳妥防范化解财政、金融、房地产等重点领域安全风险隐患,坚决守住不发生系统性风险的底线。加强"一带一路"建设风险防控。

《求是》(2021年第9期)

在贯彻新发展理念构建新发展格局中展现新作为

刘元春

党的十九届五中全会提出，全面建成小康社会、实现第一个百年奋斗目标之后，我们要乘势而上开启全面建设社会主义现代化国家新征程、向第二个百年奋斗目标进军，这标志着我国进入了一个新发展阶段。习近平总书记指出，当代中国正经历着我国历史上最为广泛而深刻的社会变革，也正进行着人类历史上最为宏大而独特的实践创新。这种前无古人的伟大实践，必将给理论创造、学术繁荣提供强大动力和广阔空间。哲学社会科学工作者要立时代潮头、发时代先声，把握新发展阶段、贯彻新发展理念、构建新发展格局，积极为党和人民述学立论、建言献策。

坚持马克思主义在哲学社会科学领域的指导地位，把好方向盘。坚持以马克思主义为指导，是当代中国哲学社会科学区别于其他哲学社会科学的根本标志，必须旗帜鲜明地加以坚持。当前，马克思主义中国化取得重大成果，但进程还远远没有结束，马克思主

"五个必由之路"

义中国化、时代化、大众化的任务依旧艰巨。坚持问题导向是马克思主义的鲜明特点,坚持以马克思主义为指导,哲学社会科学必须深入研究我国发展和我们党执政面临的重大理论和实践问题,提出解决问题的正确思路和有效办法。在新发展阶段,坚持马克思主义指导,要求哲学社会科学围绕贯彻新发展理念、构建新发展格局开展研究。

坚持围绕全面建设社会主义现代化国家新征程做深入研究,细耕责任田。2021年3月,全国两会表决通过"十四五"规划和2035年远景目标纲要,吹响了我国发展新征程的新号角。围绕"十四五"时期经济社会发展目标和2035年远景目标,哲学社会科学的研究领域更加宽广,研究方法更加多样。围绕"十四五"时期甚至更长一段时期经济社会发展做深入研究,是哲学社会科学的责任和义务。要围绕新发展阶段的经济发展态势、国际环境变化,贯彻好新发展理念、加快转变经济发展方式、提高发展质量和效益,保障和改善民生、促进社会公平正义方面多做文章;围绕改革进入攻坚期和深水期,各种深层次矛盾和问题不断呈现、各类风险和挑战不断增多的新形势,不断推进国家治理体系和治理能力现代化方面多做文章;围绕世界范围内各种思想文化交流交融交锋的新形势,加快建设社会主义文化强国、增强文化软实力,提高我国在国际上的话语权方面多做文章。

坚持抓牢创新这一哲学社会科学研究发展的动力,牵紧牛鼻子。创新是哲学社会科学发展的永恒主题,也是社会发展、实践深化、历史前进对哲学社会科学的必然要求。"十四五"时期，我国发展环境面临深刻复杂变化，不稳定性不确定性明显增加，经济全球化遭遇逆流、霸权主义威胁不断，这都为我国经济社会高质量发展带来挑战。所以，统筹好中华民族伟大复兴战略全局和世界百年未有之大变局，深刻认识我国社会主要矛盾变化带来的新特征新要求，深刻认识我国面临的错综复杂的国际新局势新矛盾，保持战略定力、认识把握发展规律，善于在危机中育先机、于变局中开新局是哲学社会科学开展创新研究的基础和必然使命。哲学社会科学工作者要及时研究党和国家需要的、人民群众关切的重大问题，提出运用新思想、新理念、新方法，在发现问题、筛选问题、研究问题和解决问题的过程中实现理论创造和升华。

《光明日报》（2021年08月04日）

贯彻新发展理念是新时代我国
发展壮大的必由之路

崔唯航

贯彻新发展理念是关系我国发展全局的一场深刻变革。今年3月，习近平总书记在参加十三届全国人大五次会议内蒙古代表团审议时，回顾新时代党和人民奋进历程，精辟概括了这一历程中形成的"五个必由之路"重要认识，其中之一就是"贯彻新发展理念是新时代我国发展壮大的必由之路"。这一论断，标志着我们党对我国经济社会发展趋势和发展规律的认识达到新高度，丰富发展了马克思主义发展观，具有极其重大的理论和实践意义。

理念是行动的先导，一定的发展实践都是由一定的发展理念来引领的。发展理念是否对头，从根本上决定着发展成效乃至成败。实践告诉我们，发展是一个不断变化的进程，发展环境不会一成不变，发展条件不会一成不变，发展理念自然也不会一成不变。党的十八大以来，以习近平同志为核心的党中央面对经济社会发展新趋势新机遇和新矛盾新挑战，科学判断经济形势，提出创新、协调、绿色、开放、共享的新发展理念，科学回答了新时代中国实现什么样的发展、怎样实现发展这个重大问题，阐明了我们党关于发展的政治立场、价值导向、发展模式、发展道路等一系列重大政治问题，是马克思主义发展观基本原理与中国具体实际相结合的最新理论成果，丰富发展了中国特色社会主义政治经济学。在新发展理念指引下，我国经济社会发展取得历史性成就、发生历史性变革。

时代是思想之母，实践是理论之源。新发展理念不是凭空得来的，而是我们党在深刻总结国内外发展经验教训、深刻分析国内外发展大势的基础上形成的，尤其是针对我国发展中的突出矛盾和问题提出来的。改革开放以来，我国经济经历了长期快速发展，奠定了雄厚物质基础，造就了广阔市场空间，发展潜力巨大，新的增长动力正在孕育形成，经济长期向好的基本面没有改变。同时，发展不平衡不充分的一些突出问题尚未得到解决，发展质量和效益还不够高，创新能力不够强，生态环境保护任重道远，城乡区域发展和收入分配差距依然较大，群众在就业、教育、医疗、居住、养老等方面面临不少难题。针对这些问题，新发展理念提出，以创新发展解决发展动力问题，以协调发展解决发展不平衡问题，以绿色发展解决人与自然和谐问题，以开放发展解决内外联动问题，以共享发展解决社会公平正义问题。

新发展理念是一个整体，必须完整把握、准确理解、全面落实。习近平总书记强调："这五大发展理念相互贯通、相互促进，是具有内在联系的集合体，要统一贯彻，不能顾此失彼，也不能相互替代。哪一个发展理念贯彻不到位，发展进程都会受到影响。全党同志一定要提高统一贯彻五大发展理念的能力和水平，不断开拓发展新境界。"创新是引领发展的第一动力，坚持创新发展，就是要坚持创新在现代化建设全局中的核心地位，让创新贯穿党和国家一切工作。协调是持续健康发展的内在要求，坚持协调发展，就是要正确处理发展中的重大关系，不断增强发展的整体性。绿色是永续发展的必要条件和人民对美好生活追求的重要体现，坚持绿色发展，就是要促进经济社会发展全面绿色转型，建设人与自然和谐共生的现代化。开放是国家繁荣发展的必由之路，坚持开放发展，就是要坚持对外开放的基本国策，发展更高层次的开放型经济。共享是中国特色社会主义的本质要求，坚持共享发展，就是要坚持全民共享、全面共享、共建共享、渐进共享，不断推进全体人民共同富裕。新发展理念五大方面既有各自内涵，更是一个整体，必须坚持系统观念，从辩证法高度出发，克服各种形而上学的片面理解和错误认识，深刻把握精髓要义，完整、准确、全面贯彻落实，把新发展理念贯穿于发展全过程和各领域。

牢牢把握新发展理念的"根"和"魂"。习近平总书记指出："为人民谋幸福、为民族谋复兴，这既是我们党领导现代化建设的出发点和落脚点，也是新发展理念的'根'和'魂'。"从人类社会发展史来看，发展为了谁、发展依靠谁、发展成果由谁享有，是检验一个国家、一个政权、一个政党性质的试金石。中国共产党自成立以来，始终把为中国人民谋幸福、为中华民族谋复兴作为自己的初心使命，坚持以人民为中心的发展思想，坚持发展为了人民、发展依靠人民、发展成果由人民共享，不断增强人民群众的获得感、幸福感、安全感，让人民群众真真切切地感受到以人民为中心不仅是一个原则，而且是看得见、摸得着、真实可感的现实。

以全面深化改革为贯彻新发展理念提供体制机制保障。马克思曾说："人的思维是否具有客观的真理性，这不是一个理论的问题，而是一个实践的问题。"新发展理念，既是人们头脑中的一场观念革命，更是引领中国朝更高质量、更有效率、更可持续方向前进的历史性变革。作为未来中国发展的战略性、纲领性、引领性认识，新发展理念源于对中国与世界的深切把握，实现于对现实发展的深刻改变。新发展理念的确立，总是同旧发展理念的破除相伴随的，可谓不破不立。必须持续推进全面深化改革，对一切妨碍新发展理念的认识要立即调整，对一切束缚新发展理念的行为要坚决纠正，对一切违背新发展理念的做法要彻底摒弃，形成有利于创新发展、协调发展、绿色发展、开放发展、共享发展的体制机制。

今天，我们正在意气风发向着全面建成社会主义现代化强国的目标迈进。我们相信，在新发展理念的科学引领下，一定能实现更高质量、更有效率、更加公平、更可持续、更为安全的发展，"中国号"巨轮一定能乘风破浪、一往无前，驶向更加光明的未来！

《光明日报》（2022 年 04 月 12 日）

全面认识和贯彻新发展理念

邱海平

党的十八大以来,以习近平同志为核心的党中央,坚持以马克思主义为指导,全面分析和深刻把握我国经济发展面临的新形势新特点和新目标新要求,以全新视野深化对社会主义经济发展与建设规律的认识,形成了习近平经济思想,指导我国经济社会发展取得历史性成就、发生历史性变革。新发展理念是习近平经济思想的主要内容,是马克思主义政治经济学和中国特色社会主义政治经济学的重大理论创新。在全面建设社会主义现代化国家新征程中,必须不断深入认识新发展理念的丰富内涵和理论精髓,深刻把握全面贯彻新发展理念的重大实践要求。

深刻理解新发展理念的丰富内涵

理念是行动的先导,一定的发展实践都是由一定的发展理念来引领的。创新、协调、绿色、开放、共享的新发展理念回答了关于发展的目的、动力、方式、路径等一系列理论和实践问题，阐明了我们党关于发展的政治立场、价值导向、发展模式、发展道路等重大政治问题。踏上全面建设社会主义现代化国家新征程，必须进一步深入认识新发展理念的丰富内涵及其核心要义。

深刻认识创新发展理念。创新发展理念是由一系列重要思想组成的完整理论体系，是创新理论的重大创新，必须系统把握其丰富内涵和核心要义：其一，创新发展理念中的"创新"，首先指科技创新，同时也指理论创新、制度创新、文化创新、企业创新、产品创新、市场创新、品牌创新、业态创新、管理创新等各方面创新。其二，创新发展理念深刻揭示了创新及创新能力在当代经济社会发展和国际竞争中的极端重要性。习近平总书记指出，"科技立则民族立，科技强则国家强""世界科技强国竞争，比拼的是国家战略科技力量"。其三，创新发展理念深刻揭示了科技创新在经济社会发展中的重要地位。社会生产力发展和综合国力提高，最终取决于科技创新。其四，创新发展理念深刻揭示了实现创新的复杂性。创新是一个复杂的社会系统工程，涉及经济社会各个领域。其五，创新发展理念深刻揭示了科技创新与制度创新的辩证关系。科技创新、制度创新要协同发挥作用，两个轮子一起转。其六，创新发展理念深刻揭示了人才在创新中的核心地位。习近平总书记指出，"人才是创新的根基，是创新的核心要素""我国要实现高水平科技自立自强，归根结底要靠高水平创新人才"。其七，创新发展理念深刻揭示了自主创新与科技开放合作的辩证关系。我们强调自主创

"五个必由之路"

新,绝不是要关起门来搞创新。在经济全球化深入发展的大背景下,创新资源在世界范围内加快流动,各国经济科技联系更加紧密,任何一个国家都不可能独立依靠自己力量解决所有创新难题。

深刻认识协调发展理念。一要深刻认识协调发展理念的理论创新性和蕴含的科学方法论。协调发展理念是关于发展协调性和整体性思想的进一步创新发展,并且蕴含着重要的方法论。习近平总书记指出,"协调既是发展手段又是发展目标,同时还是评价发展的标准和尺度""协调发展,就要找出短板,在补齐短板上多用力,通过补齐短板挖掘发展潜力、增强发展后劲"。二要从我国社会主要矛盾出发,深刻认识深入贯彻协调发展理念的重要性和紧迫性。我国社会主要矛盾已经转化为人民日益增长的美好生活需要和不平衡不充分的发展之间的矛盾。一方面,人民美好生活需要日益广泛,不仅对物质文化生活提出了更高要求,而且在民主、法治、公平、正义、安全、生态环境等方面的需要日益增长;另一方面,我国社会生产力水平总体上显著提高,社会生产能力在很多方面进入世界前列,同时发展不平衡不充分已经成为满足人民日益增长的美好生活需要的主要制约因素,实现发展的协调性和整体性是解决我国社会主要矛盾的主要途径和制胜要诀。三要深刻认识协调发展的丰富内涵和实现协调发展的战略重点。从当前我国发展中不平衡、不协调、不可持续的突出问题出发,我们要着力推动区域协调发展、城乡协调发展、物质文明和精神文明协调发展,推动经济建设和国防建设融合发展。

深刻认识绿色发展理念。一要从人类社会发展规律的高度出发，深刻认识绿色发展理念的科学性。人类发展活动必须尊重自然、顺应自然、保护自然，否则就会遭到大自然的报复，这个规律谁也无法抗拒，绿色发展理念正是对这个客观规律的自觉认识。二要从我国发展面临的严重资源环境约束出发，深刻认识贯彻绿色发展理念的紧迫性。改革开放以来，我国经济发展取得历史性成就，同时也积累了大量资源生态环境问题，成为制约我国经济可持续发展的明显短板，只有坚持绿水青山就是金山银山，坚持节约资源和保护环境的基本国策，才能实现我国经济社会永续发展。三要从以人民为中心的发展思想出发，深刻认识绿色发展理念体现的人民性。良好生态环境是人民美好生活需要的重要内涵，坚持绿色生产方式和生活方式，是实现社会主义生产目的的内在要求和重要体现。四要从"绿色"与"发展"的辩证关系出发，深刻认识和把握绿色发展理念所指明的重大发展机遇。绿色低碳循环发展是当今时代科技革命和产业变革的方向，是最有前途的发展领域，我国在这方面潜力巨大，可以形成很多新的经济增长点。五要从人类生产方式和生活方式的根本变革这样的高度出发，充分认识到推动绿色生产方式和生活方式的重要性、紧迫性、长期性、复杂性、艰巨性，牢固树立久久为功、持之以恒的精神，扎实推进生态文明建设不断取得新进展。六要从人类命运共同体高度出发深刻认识绿色发展理念的世界意义。当前，全人类面临日益严峻的气候变暖的共同挑战，坚持绿色发展理念是实现人类和平和持续发展的必然选择。作为世界上人

"五个必由之路"

口最多的国家，中国坚持贯彻绿色发展理念，既是我国发展方式的重大创新，也是对人类文明进步的重大贡献。

深刻认识开放发展理念。一要深刻认识开放发展理念是对人类文明发展规律和经济全球化时代潮流的科学认识。人类历史就是一幅不同文明相互交流、互鉴、融合的宏伟画卷。经济全球化是生产力发展的必然结果和客观需要，是历史前进的大势。中国要继续发展壮大，就必须主动顺应经济全球化潮流，坚持对外开放基本国策，更加充分运用人类社会创造的先进科学技术成果和有益管理经验。二要深刻认识开放发展理念是我国发展成功经验的理论总结。在坚持独立自主原则下的对外开放是推动我国经济社会发展的重要动力。我国要保持经济持续健康发展，就必须树立全球视野，更加自觉地统筹国内国际两个大局，全面谋划全方位对外开放大战略，以更加积极主动的姿态走向世界。三要用发展的眼光看待新形势下开放发展理念的新内涵和新要求。我国经济总量持续稳居世界第二，国际竞争力和世界影响力显著提升，我国有充分条件推进全方位对外开放和加快形成开放型经济新体制，并为推动形成开放型世界经济作出更大贡献。同时，必须深刻认识世界百年未有之大变局给我国发展带来的重大历史机遇和风险挑战，在深化扩大对外开放的过程中坚持统筹好发展和安全。

深刻认识共享发展理念。一要深刻认识共享发展理念是社会主义生产目的和发展规律在理论上的表现。让广大人民群众共享改革发展成果，是社会主义的本质要求，是社会主义制度优越性的集中体现，是我们党坚持全心全意为人民服务根本宗旨的重要体现。二要深刻认识和正确把握共建与共享、共享与发展的辩证关系。一方面，人民是国家的主人和建设中国特色社会主义的主体，只有坚持人民主体地位，最大限度调动全体人民的积极性和创造性，才能更好实现改革发展成果由全体人民共享，最终实现共同富裕；另一方面，只有更好解决社会公平正义问题，不断满足人民日益增长的美好生活需要，才能进一步激发全体人民的积极性和创造性，使我国社会充满旺盛活力和发展动力。三要深刻认识共享发展理念在新发展理念中的核心地位。共享发展理念是以人民为中心的发展思想的集中体现，必须始终围绕有利于实现共享发展来推进创新发展、协调发展、绿色发展和开放发展。四要深刻认识共享发展的丰富内涵。中国特色社会主义进入新时代，人民对美好生活的向往是我们党的奋斗目标，人民美好生活需要涵盖了全体人民在经济、政治、社会、文化、生态环境等多方面的需要，只有全方位满足人民美好生活需要，才能更好实现人的全面发展，更加彰显社会主义制度的优越性。

准确把握新发展理念的理论精髓

新发展理念是创新发展理念、协调发展理念、绿色发展理念、开放发展理念、共享发展理念所构成的一个有机整体，不仅体现着辩证唯物主义和历史唯物主义的方法论和系统观，而且体现着我们党对当代社会经济发展一般规律的最新科学认识，标志着我

"五个必由之路"

们党对中国特色社会主义经济发展规律的认识达到了一个全新的高度和境界。深入学习和全面贯彻习近平经济思想，必须深刻认识新发展理念的理论创新性，准确把握其中所体现的科学方法论和理论精髓。

新发展理念全面揭示了当代社会经济发展一般规律，是马克思主义发展理论的重大创新。总的来看，新发展理念是在深刻总结国内外发展经验教训的基础上形成的，也是在深刻分析国内外发展大势的基础上形成的，集中反映了我们党对经济发展规律认识的深化。马克思主义的历史唯物主义理论，从生产力与生产关系、经济基础与上层建筑的对立统一运动出发，深刻揭示了人类社会发展一般规律。新发展理念全面深刻地反映了当代世界和人类社会发展面临的新矛盾新特征和新要求新趋势，深刻揭示了创新、协调、绿色、开放、共享发展的当代世界发展共同趋势和内在要求，是历史唯物主义理论的重大发展，具有深刻的方法论价值和世界意义。

新发展理念全面反映了新时代中国特色社会主义发展规律，是我们党对中国特色社会主义经济发展和建设规律理论认识上的又一次升华，是中国特色社会主义政治经济学的重大创新。创新发展理念凸显了创新在当代经济社会发展中的第一驱动力地位，丰富发展了中国特色社会主义政治经济学关于科学技术是第一生产力的理论；协调发展理念体现了关于发展的平衡与不平衡的辩证法和系统论，丰富发展了中国特色社会主义政治经济学关于发展的整体性理论；绿色发展理念反映了可持续发展规律的内在要求，拓展了新时代人民美好生活需要的价值内涵；开放发展理念反映了经济全球化的时代潮流和内在要求，体现了构建人类命运共同体的理想追求，丰富发展了中国特色社会主义政治经济学的对外开放理论；共享发展理念反映了实现全体人民共同富裕的社会主义本质要求，指明了发展为了人民、发展依靠人民、发展成果由人民共享，不断实现好、维护好、发展好最广大人民根本利益的根本立场。

创新、协调、绿色、开放、共享这五大发展理念相互贯通、相互促进，是具有内在联系的集合体。必须从系统论的高度出发，深刻认识这五大发展理念之间的辩证关系，深刻把握新发展理念的理论精髓，克服各种形而上学的简单化、片面化理解和错误认识。具体来说，我们推动的创新发展，必须有利于协调发展，而不能在推动创新的同时又造成新的更多更大的不平衡不协调；必须使创新有利于绿色发展，而不能脱离了生态文明建设的要求搞创新；我们推动的创新不是封闭式的创新，而是在更加开放条件下的创新，必须进一步处理好独立自主与扩大开放之间的关系；必须使创新成果更加有利于全体人民共享，而不能在创新发展的同时又进一步扩大了收入分配差距。我们推动的协调发展，必须是通过创新来实现的动态平衡发展；实现人与自然的和谐共生，既是绿色发展的核心要义，也是协调发展的重要内涵，协调发展与绿色发展是内在统一的；统筹好国内国际两个市场、两种资源是促进协调发展的重要内涵，协

"五个必由之路"

调发展与开放发展是有机统一的;协调发展本身就包含着促进共同富裕的内在要求,从而是有利于共同富裕的协调发展。我们推动的绿色发展,必须是通过创新来实现的,不能为了单纯保护资源生态环境抑制了各种创新;绿色发展必须有利于更好地协调各方面重大关系,不能因为保护资源生态环境造成更多新的不协调不平衡;人与自然的和谐共生是一个世界性问题,只有进一步全面扩大对外开放,才能真正实现绿色发展;绿色发展必须有利于经济增长,从而有利于增进全体人民福祉、更好满足人民美好生活需要,实现共享发展和全体人民共同富裕。我们推动的开放发展,必须更加有利于提升我国自主创新能力,有利于解决一系列"卡脖子"问题,不能搞照搬照抄式和产生依附性的对外开放;开放发展必须有利于协调我国各方面重大关系,而不能因为开放反而使这些重大关系更加失调;开放发展必须有利于我国资源生态环境保护,不能为了扩大开放而置我国已经十分紧张的资源生态环境问题而不顾;必须使开放的成果更多地惠及我国全体人民,不能因为更加开放导致我国收入分配差距进一步扩大化。我们推动的共享发展,必须通过各种创新来实现,同时必须有利于推动各种创新;共享发展必须有利于处理好各方面重大关系,有利于推动协调发展;共享发展必须有利于资源节约和生态环境保护,不能为了平衡经济利益关系,造成对资源生态环境新的破坏;共享发展必须有利于进一步扩大对外开放,在推动实现我国全体人民共同富裕的同时,也要更多地让世界人民分享中国发展成果,推动构建人类命运共同体。习近平总书记指出:

"新发展理念的提出,是对辩证法的运用;新发展理念的实施,离不开辩证法的指导。要坚持系统的观点,依照新发展理念的整体性和关联性进行系统设计,做到相互促进、齐头并进,不能单打独斗、顾此失彼,不能偏执一方、畸轻畸重。"

进一步深入认识新发展理念在习近平经济思想中的重要地位。党的十八大以来,以习近平同志为核心的党中央在发展理念、所有制、分配体制、政府职能、市场机制、宏观调控、产业结构、企业治理结构等重大问题上提出了许多重要论断,形成了关于社会主义初级阶段基本经济制度的理论,关于创新、协调、绿色、开放、共享发展的理论,关于发展社会主义市场经济、使市场在资源配置中起决定性作用和更好发挥政府作用的理论,关于我国经济发展进入新常态、深化供给侧结构性改革、推动经济高质量发展的理论,关于推动新型工业化、信息化、城镇化、农业现代化同步发展和区域协调发展的理论,关于农民承包的土地具有所有权、承包权、经营权属性的理论,关于用好国际国内两个市场、两种资源的理论,关于加快形成以国内大循环为主体、国内国际双循环相互促进的新发展格局的理论,关于促进社会公平正义、逐步实现全体人民共同富裕的理论,关于统筹发展和安全的理论,等等。习近平经济思想就是以新发展理念为主要内容并由这些创新性理论所构成的完整体系。

发展理念是战略性、纲领性、引领性的东西,新发展理念集中体现了新时代我国发展思路、发展方向和发展着力点,是引领我国

"五个必由之路"

新时代改革开放和发展实践的"指挥棒"和"红绿灯"。新发展理念是发展理论的一场革命，全面贯彻落实新发展理念，涉及一系列思维方式、行为方式、工作方式的变革，涉及一系列工作关系、社会关系、利益关系的调整，是关系我国发展全局的一场深刻变革。在新发展阶段，必须不断深入认识新发展理念及其在习近平经济思想中的重要地位，系统把握习近平经济思想的内在逻辑及其体系性，不断提高全面贯彻落实习近平经济思想的自觉性、主动性和创造性。

全面贯彻新发展理念的实践要求

党的十八大以来，在习近平经济思想科学指引下，我国经济社会发展取得历史性成就、发生历史性变革。党的十九大以来，面对世界百年未有之大变局加速演变的复杂形势，特别是新冠肺炎疫情的严重冲击，在以习近平同志为核心的党中央坚强领导下，我国经济社会继续保持良好发展态势，全面建成小康社会战略目标如期实现，成功开启全面建设社会主义现代化国家新征程。在新的发展实践中，必须坚持从我国经济社会发展的理论逻辑、历史逻辑、现实逻辑的有机统一出发，在准确把握我国发展的历史方位、深刻理解我国发展的实践主题基础上，进一步深刻认识全面贯彻新发展理念的重大意义和实践要求。

深入贯彻新发展理念，是全面建设社会主义现代化国家的内在要求。我国建设社会主义现代化具有许多重要特征，既有各国现代化的共同特征，更有基于国情的中国特色。习近平总书记指出，我国现代化是人口规模巨大的现代化，是全体人民共同富裕的现代化，是物质文明和精神文明相协调的现代化，是人与自然和谐共生的现代化，是走和平发展道路的现代化。中国式现代化的这些独特规定性与新发展理念的核心要义和精神实质是内在相通的，因此，深入贯彻新发展理念是实现中国式现代化的内在要求和必然选择。

新发展阶段贯彻新发展理念，必须推动共同富裕取得明显的实质性进展。党的十八大以来，以习近平同志为核心的党中央把握发展阶段新变化，把逐步实现全体人民共同富裕摆在更加重要的位置上，采取有力措施保障和改善民生，打赢脱贫攻坚战，全面建成小康社会，为推动共同富裕取得更加明显的实质性进展创造了良好条件。习近平总书记指出，"共同富裕是社会主义的本质要求，是中国式现代化的重要特征"。我国社会主要矛盾已经转化为人民日益增长的美好生活需要和不平衡不充分的发展之间的矛盾，而在诸多发展不平衡中，我国收入分配差距依然较大是最集中的表现，是制约我国经济社会持续健康发展和实现中国式现代化的最突出短板之一。因此，在新发展阶段全面深入贯彻新发展理念，必须更加注重落实共享发展埋念，深化收入分配改革，扎实推动全体人民共同富裕取得更加明显的实质性进展，更好促进社会公平正义和人的全面发展。

"五个必由之路"

新发展阶段贯彻新发展理念，必然要求加快构建新发展格局。这是历史逻辑和现实逻辑共同作用使然。国际金融危机爆发后，世界经济持续低迷，对我国经济发展产生了严重的外部冲击。党的十八大以来，党中央坚持实施扩大内需战略，使发展更多依靠内需特别是消费需求拉动，我国对外贸易依存度和经常项目顺差在国内生产总值中的占比显著下降。新发展阶段，我国发展面临的外部环境充满更多更大的风险和不确定性，全面深入贯彻新发展理念，必须更加自觉地推动构建以国内大循环为主体、国内国际双循环相互促进的新发展格局，这是对我国发展趋势和发展规律的自觉把握。

新发展阶段贯彻新发展理念，是实现高质量发展的必由之路。"十四五"时期经济社会发展要以推动高质量发展为主题，这是根据我国发展阶段、发展环境、发展条件变化作出的科学判断。在新发展阶段，发展的不平衡不充分是我国社会主要矛盾的主要方面，也是制约我国发展质量的主要问题，这就要求我们必须从问题导向深刻理解新发展理念，更加精准地贯彻新发展理念，采取更加精准务实的举措，切实解决诸多"卡脖子"、城乡区域发展差距较大等突出问题，实现高质量发展。

新发展阶段贯彻新发展理念，必须继续深化改革开放。我国改革和发展的成功实践充分表明，唯有全面深化改革，才能更好践行新发展理念，破解发展难题、增强发展活力、厚植发展优势。党的十八届三中全会以来，我国主要领域改革主体框架基本确立，在新发展阶段,要在已有改革的基础上,完整准确全面贯彻新发展理念,构建新发展格局,坚持问题导向,围绕增强创新能力、推动平衡发展、改善生态环境、提高开放水平、促进共享发展等重点领域和关键环节,继续把改革推向深入,继续把高水平高质量对外开放推向深入。

《经济日报》(2021年12月06日)

> 拓展阅读

坚持贯彻新发展理念,走好必由之路

李 鹏

发展是硬道理。习近平总书记在参加十三届全国人大五次会议内蒙古代表团审议时强调,贯彻新发展理念是新时代我国发展壮大的必由之路。只要完整、准确、全面贯彻新发展理念,加快构建新发展格局,推动高质量发展,加快实现科技自立自强,我们就一定能够不断提高我国发展的竞争力和持续力,在日趋激烈的国际竞争中把握主动、赢得未来。

理念是行动的先导。发展理念是否对头,从根本上决定着发展成效乃至成败。我们党领导人民治国理政,很重要的一个方面就是要回答好实现什么样的发展、怎样实现发展这个重大问题。党的十八大以来,以习近平同志为核心的党中央对经济形势进行科学判断,对经济社会发展提出了许多重大理论和理念,对发展理念和思路作出及时调整。创新、协调、绿色、开放、共享的新发展理念,是在深刻总结国内外发展经验教训、深刻分析国内外发展大势的基础上形成的，回答了关于发展的目的、动力、方式、路径等一系列理论和实践问题，阐明了我们党关于发展的政治立场、价值导向、发展模式、发展道路等重大政治问题，标志着我们党对经济社会发展规律的认识达到了新的高度。

在新发展理念引领下，我国经济社会发展取得历史性成就、发生历史性变革。实践有力证明，新发展理念是经得起实践检验、历史检验，充分彰显实践伟力的科学理念。科技创新不断取得重大突破，在事关发展全局的基础研究和关键共性技术研究领域，正努力实现由跟跑并跑向并跑领跑转变；经济结构更加优化，新型工业化、信息化、城镇化、农业现代化同步发展，一系列新的区域发展战略稳步推进；污染防治攻坚战取得明显成效，绿色发展方式和生活方式加快形成，我们生活的家园天更蓝、地更绿、水更清；进出口贸易由量的扩张转向质的提升，利用外资和对外投资规模均创历史新高；历史性解决绝对贫困问题，在中华大地上全面建成小康社会……新发展理念引领我国发展全局发生了深刻变革，绘就了中国特色社会主义政治经济学的实践新画卷。

完整、准确、全面贯彻新发展理念，不断破解发展难题、增强发展动力、厚植发展优势。新发展理念是我国发展思路、发展方向、发展着力点的集中体现，具有很强的战略性、纲领性、引领性。只有完整把握、准确理解、全面落实，把新发展理念贯彻到经济社会发展全过程和各领域，才能真正实现高质量发展。要从根本宗旨把握新发展理念，深刻认识为人民谋幸福、为民族谋

"五个必由之路"

复兴，既是我们党领导现代化建设的出发点和落脚点，也是新发展理念的"根"和"魂"，自觉坚持以人民为中心的发展思想，坚持发展为了人民、发展依靠人民、发展成果由人民共享。要从问题导向把握新发展理念，举措要更加精准务实，切实解决好发展不平衡不充分的问题。要从忧患意识把握新发展理念，增强忧患意识、坚持底线思维，坚持政治安全、人民安全、国家利益至上有机统一，既要敢于斗争，也要善于斗争，全面做强自己。

新发展理念是我国进入新发展阶段、构建新发展格局的战略指引，是管全局、管根本、管方向、管长远的。"十四五"规划和2035年远景目标纲要把"坚持新发展理念"作为"十四五"时期经济社会发展必须遵循的一条原则。新征程上，必须坚持系统观念，统筹国内国际两个大局，统筹"五位一体"总体布局和"四个全面"战略布局，加强前瞻性思考、全局性谋划、战略性布局、整体性推进，不断提高贯彻新发展理念、构建新发展格局的能力和水平。把新发展理念作为指挥棒、红绿灯，不断促进创新成为第一动力、协调成为内生特点、绿色成为普遍形态、开放成为必由之路、共享成为根本目的，一定能实现更高质量、更有效率、更加公平、更可持续、更为安全的发展。

《中国纪检监察报》（2022年03月14日）

第六编

全面从严治党是党永葆生机活力、走好新的赶考之路的必由之路。办好中国的事情，关键在党、关键在全面从严治党。只要大力弘扬伟大建党精神，不忘初心使命，勇于自我革命，不断清除一切损害党的先进性和纯洁性的有害因素，不断清除一切侵蚀党的健康肌体的病原体，我们就一定能够确保党不变质、不变色、不变味。

全面从严治党是党永葆生机活力、走好新的赶考之路的必由之路

前不久,中共中央办公厅印发《关于加强新时代廉洁文化建设的意见》。从指出"全面从严治党,既要靠治标,猛药去疴,重典治乱;也要靠治本,正心修身,涵养文化,守住为政之本",到强调"以理想信念强基固本,以先进文化启智润心,以高尚道德砥砺品格";从要求"夯实清正廉洁思想根基",到明确"各地区各部门要担负起廉洁文化建设的政治责任",一系列举措和要求,彰显我们党一以贯之全面从严治党的坚强意志,体现我们党勇于进行自我革命的坚定决心。

我们党作为百年大党,如何永葆先进性和纯洁性、永葆青春活力,如何永远得到人民拥护和支持,如何实现长期执政,是我们必

全面从严治党是党永葆生机活力、走好新的赶考之路的必由之路

须回答好、解决好的一个根本性问题。在参加十三届全国人大五次会议内蒙古代表团审议时，习近平总书记回顾新时代党和人民奋进历程，高度概括了这一历程中形成的"五个必由之路"重要认识，其中一个重要认识就是"全面从严治党是党永葆生机活力、走好新的赶考之路的必由之路"。这一重要论断，对于把党建设成为始终走在时代前列、人民衷心拥护、勇于自我革命、经得起各种风浪考验、朝气蓬勃的马克思主义执政党，具有重大指导意义。

"我们党历史这么长、规模这么大、执政这么久，如何跳出治乱兴衰的历史周期率？"2021年11月11日，在党的第三个历史决议通过之际，习近平总书记提到"窑洞对"："毛泽东同志在延安的窑洞里给出了第一个答案，这就是'只有让人民来监督政府，政府才不敢松懈'。经过百年奋斗特别是党的十八大以来新的实践，我们党又给出了第二个答案，这就是自我革命。"全面从严治党是新时代党的自我革命的伟大实践，开辟了百年大党自我革命的新境界。政治建设纲举目张，锚定自我革命根本政治方向；思想建设夯基固本，淬炼自我革命锐利思想武器；八项规定久久为功，持之以恒改进作风；反腐败重拳出击，取得压倒性胜利并全面巩固；制度体系不断完善，把权力关进越扎越牢的笼子……猛药去疴、重典治乱，刮骨疗毒、壮士断腕，党的十八大以来，以习近平同志为核心的党中央打出自我革命的"组合拳"，刹住了一些多年未刹住的歪风邪气，解决了许多长期没有解决的顽瘴痼疾，探索出依靠党的自我革命跳出历史周期率的成功路径。实践充分证明，只要大力弘扬

伟大建党精神，不忘初心使命，勇于自我革命，不断清除一切损害党的先进性和纯洁性的有害因素，不断清除一切侵蚀党的健康肌体的病原体，我们就一定能够确保党不变质、不变色、不变味。

先进的马克思主义政党不是天生的，而是在不断自我革命中淬炼而成的。习近平总书记深刻指出："勇于自我革命是我们党区别于其他政党的显著标志。"一路走来，为什么我们党能够始终做到勇于坚持真理、修正错误，勇于刀刃向内、刮骨疗毒？这是因为"党代表中国最广大人民根本利益，没有任何自己特殊的利益，从来不代表任何利益集团、任何权势团体、任何特权阶层的利益"。不谋私利才能谋根本、谋大利，才能从党的性质和根本宗旨出发，从人民根本利益出发，检视自己；才能不掩饰缺点、不回避问题、不文过饰非，有缺点克服缺点，有问题解决问题，有错误承认并纠正错误。要兴党强党，就必须以勇于自我革命精神打造和锤炼自己。在为谁执政、为谁用权、为谁谋利这个根本问题上，我们的头脑要特别清醒、立场要特别坚定。全党同志都要明大德、守公德、严私德，清清白白做人、干干净净做事，做到克己奉公、以俭修身，永葆清正廉洁的政治本色。

全面从严治党永远在路上，党的自我革命任重而道远。虽然全面从严治党已经取得历史性成就，但还远未到大功告成的时候。党面临的风险挑战的长期性、复杂性、严峻性，决定了全面从严治党必须一以贯之、持之以恒，不能有差不多了该松口气、歇歇脚的想法，不能有打好一仗就一劳永逸的想法，不能有初见成效就见好就收的想法。党的十九届六中全会第二次全体会议上，习近平总书记告诫全党："总之，在建党百年之际，我们要居安思危，时刻警惕我们这个百年大党会不会变得老态龙钟、疾病缠身。"我们党历经百年、成就辉煌，党内党外、国内国外赞扬声很多。越是这样越要发扬自我革命精神，千万不能在一片喝彩声中迷失自我，而是要牢记船到中流浪更急、人到半山路更陡，把不忘初心、牢记使命作为加强党的建设的永恒课题，作为全体党员、干部的终身课题。

2021年6月25日，在十九届中央政治局第三十一次集体学习时，习近平总书记强调："今天，我们党更大了，党的队伍更大了，党的事业更大了，我们肩负的责任也更大了，人民对党的要求也更大了、更高了、更严了。"我们只有勇于自我革命才能赢得历史主动。在新的赶考之路上，永葆自我革命精神，增强全面从严治党永远在路上的政治自觉，不断推进党的建设新的伟大工程，我们党就一定能永葆旺盛生命力和强大战斗力，承载着中国人民伟大梦想的航船就一定能乘风破浪、一往无前，胜利驶向光辉的彼岸！

全面从严治党何以成效卓著

谢春涛

党的十八大以来,以习近平同志为核心的党中央推动党和国家事业取得历史性成就、发生历史性变革,全面从严治党成效卓著。习近平总书记在十九届中央纪委四次全会上指出:"党的十八大以来,我们探索出一条长期执政条件下解决自身问题、跳出历史周期率的成功道路,构建起一套行之有效的权力监督制度和执纪执法体系"。以习近平同志为核心的党中央是如何推进全面从严治党并取得卓著成效的?中共中央宣传部组织编写的《习近平新时代中国特色社会主义思想学习问答》对此作出深入解答,为我们深入学习领会习近平总书记关于全面从严治党的重要论述提供了权威辅导。

以自我革命精神全面从严治党

2012年11月15日,习近平总书记在十八届中央政治局常委同中外记者见面会上指出:"新形势下,我们党面临着许多严峻挑战,党内存在着许多亟待解决的问题。尤其是一些党员干部中发生的贪污腐败、脱离群众、形式主义、官僚主义等问题,必须下大气力解决。全党必须警醒起来。"

2014年10月8日,在党的群众路线教育实践活动总结大会上,习近平总书记指出:"各级各部门党委(党组)必须树立正确政绩观,坚持从巩固党的执政地位的大局看问题,把抓好党建作为最大的政绩。如果我们党弱了、散了、垮了,其他政绩又有什么意义呢?"

习近平总书记还进一步提出推进党的自我革命。习近平总书记强调:"勇于自我革命,从严管党治党,是我们党最鲜明的品格,全面从严治党永远在路上。""在新时代,我们党必须以党的自我革命来推动党领导人民进行的伟大社会革命"。

习近平总书记把全面从严治党纳入"四个全面"战略布局,强调:"全面从严治党,核心是加强党的领导,基础在全面,关键在严,要害在治。""全面"就是管全党、治全党,面向全体党员、党组织,覆盖党的建设各个领域、各个方面、各个部门,重点是抓住"关键少数"。"严"就是真管真严、敢管敢严、长管长严。"治"就是从党中央到地方各级党委,从中央部委、国家机关部门党组(党委)到基层党支部,都要肩负起主体责任,党委书记要把抓好党建当作分内之事、必须担当的职责;各级纪委要担负起监督责任,敢于瞪眼黑脸,勇于执纪问责。全面从严治党是一场伟大的自我革命。在进行社会革命的同时不断进行自我革命,是我们党区别于其他政党最显著的标志。只有以自我革命精神全面从严治党,同一切影响党的先进性、弱化党的纯洁性的问题作坚决斗争,实现自身净化、自我完善、自我革新、自我提高,才能把党建设得更加坚强有力。

驰而不息纠正"四风"

以习近平同志为核心的党中央推进全面从严治党,是从中央政治局制定和执行《关于改进工作作风、密切联系群众的八项规定》开始的。针对一些党员干部身上存在的形式主义、官僚主义、享乐主义和奢靡之风,习近平总书记强调:"要以踏石留印、抓铁有痕的劲头抓下去,善始善终、善做善成,防止虎头蛇尾,让全党全体人民来监督,让人民群众不断看到实实在在的成效和变化。"通过贯彻落实中央八项规定精神,党风政风为之一新,社会风气也明显改观。近年来,作风建设更加注重整治形式主义、官僚主义。经过努力,各级机关会议、文件等大大减少,督查检查考核事项大幅压缩,基层负担明显减轻。

党的十八大以来,党的作风建设积累了许多成功经验。第一,抓重点。"四风"危害很大,人民群众反映最为强烈,所以首先必须重点整治"四风"。第二,领导带头。以习近平同志为核心的党中央以身作则、率先垂范,强调全面从严治党必须从领导干部特别是高级干部做起,要求别人做到的首先自己做到,要求别人不做的自己坚决不做。第三,用具体的规定来抓。中央八项规定内容简单明了，之后党中央还出台一系列党内法规，为党员干部明确了行为边界，为纪检监察机关提供了执纪依据。第四，规定对任何人都不例外。各级纪检监察机关查处了一批违反中央八项规定精神的党员干部，向全党全社会表明了党中央抓作风的决心和态度，使广大党员干部受到了教育。

坚定不移反对腐败

人民群众最痛恨腐败现象，腐败是我们党面临的最大威胁。党的十八大以来，以习近平同志为核心的党中央坚持反腐败无禁区、全覆盖、零容忍，坚定不移"打虎""拍蝇""猎狐"，坚持党纪国法面前没有例外，不管涉及谁，都要一查到底、决不姑息。

从党的十八大到十九大的5年间，立案审查省军级以上党员干部及其他中管干部440余人，其中十八届中央委员、候补委员43人，中央纪委委员9人；厅局级干部8900余人，县处级干部6.3万人，处分基层党员干部27.8万人。党的十九大以来，又查处一批中管干部。反腐败斗争取得压倒性胜利，赢得全党全国人民乃至国际社会的高度赞誉。

在深入推进反腐败斗争的过程中，纪检监察体制改革也得到了深化，设立各级监察委员会，纪检监察组全面派驻，巡视方式和效果大为改观，纪检监察机关内部也进行了改革，党和国家监督体系建设取得很大成绩。

"五个必由之路"

培养忠诚干净担当的高素质干部

"为政之要，莫先于用人。"党的十八大以来，习近平总书记围绕培养选拔党和人民需要的好干部，提出一系列新思想新观点新要求。例如，"信念坚定、为民服务、勤政务实、敢于担当、清正廉洁""严以修身、严以用权、严以律己，谋事要实、创业要实、做人要实""心中有党、心中有民、心中有责、心中有戒""铁一般信仰、铁一般信念、铁一般纪律、铁一般担当""忠诚、干净、担当""德才兼备、以德为先、任人唯贤"，等等。习近平总书记还明确提出了新时代党的组织路线。

在选人用人问题上，习近平总书记提出坚持正确用人导向，深化干部人事制度改革，破解"四唯"（唯票、唯分、唯GDP、唯年龄）难题，着力整治选人用人上的不正之风，优化选人用人环境。根据党的十八大以来干部队伍建设面临的新情况新问题，党中央制定出台了一系列党内法规，强化各级党组织在选人用人问题上的责任。为了防止干部"带病提拔"，实行"凡提四必"，即干部档案"凡提必审"，个人有关事项报告"凡提必核"，纪检监察机关意见"凡提必听"，反映违规违纪问题线索具体、有可查性的信访举报"凡提必查"。中央办公厅还印发《关于进一步激励广大干部新时代新担当新作为的意见》，从加强思想教育、树立正确用人导向、发挥考核评价作用、建立健全容错纠错机制、提升干部能力素质、热情关心关爱干部、凝聚创新创业合力等方面提出一系列要求，激励干部担当作为，这对于充分调动和激发干部队伍的积极性、主动性、创造性具有重要意义。

思想建党和制度治党相结合

以习近平同志为核心的党中央总结党的思想建设的成功经验和一些党员干部违纪违法的教训，把坚定理想信念、坚守共产党人精神追求作为共产党人安身立命的根本。习近平总书记指出："理想信念就是共产党人精神上的'钙'，没有理想信念，理想信念不坚定，精神上就会'缺钙'，就会得'软骨病'"，要"解决好世界观、人生观、价值观这个'总开关'问题"。总开关出问题，就会关关出问题。近年来，理想信念教育融入加强和规范党内生活各方面，体现在各级党组织的学习教育活动中。

全面从严治党靠教育，更要靠制度。针对过去纪律和规矩失之于宽、失之于松、失之于软的问题，习近平总书记强调："做到用制度管权管事管人""把严守纪律、严明规矩放到重要位置来抓，努力在全党营造守纪律、讲规矩的氛围"。根据这一要求，中央制订、修订了包括《中国共产党廉洁自律准则》和《中国共产党纪律处分条例》等在内的一批党内法规。

全面从严治党，需要强化对"关键少数"的监督制约。习近平总书记指出："把权力关进制度的笼子里，形成不敢腐的惩戒机制、不能腐的防范机制、不易腐的保障机制""要强化制约，合理分解

"五个必由之路"

权力,科学配置权力,不同性质的权力由不同部门、单位、个人行使,形成科学的权力结构和运行机制""着力改进对领导干部特别是一把手行使权力的监督""依法公开权力运行流程,让广大干部群众在公开中监督,保证权力正确行使"。

全面从严治党,必须抓好政治建设这一党的根本性建设。党的十九大把政治建设纳入党的建设总体布局并摆在首位,提出要"全面净化党内政治生态"。党中央还专门出台《中共中央关于加强党的政治建设的意见》,强调"以政治上的加强推动全面从严治党向纵深发展"。各级党组织要坚决贯彻党中央精神,把政治建设摆在首位,增强"四个意识"、坚定"四个自信"、做到"两个维护",确保全党统一意志、统一行动、步调一致向前进。

《人民日报》(2021 年 04 月 12 日)

增强全面从严治党永远在路上的政治自觉

刘志明

在庆祝中国共产党成立100周年大会上，习近平总书记深切告诫全党，"要牢记打铁必须自身硬的道理，增强全面从严治党永远在路上的政治自觉"。这对我们在新的征程上保持战略定力，不断开创全面从严治党新局面，不断推进党的建设新的伟大工程，确保党不变质、不变色、不变味，确保党在新时代坚持和发展中国特色社会主义的历史进程中始终成为坚强领导核心，具有重要意义。

坚持全面从严治党是中国共产党历经千锤百炼而朝气蓬勃的奥秘所在

把党的建设作为一项伟大工程来推进，不仅是中国共产党的一大创举，也是中国共产党领导人民进行伟大社会革命的重要法宝。党要管党、从严治党，是党的建设的一贯要求和根本方针。中国共产党历经千锤百炼而朝气蓬勃，一个很重要的原因就是它始终坚持

"五个必由之路"

党要管党、全面从严治党,不断应对好自身在各个历史时期面临的风险考验,确保自己在世界形势深刻变化的历史进程中始终走在时代前列,在应对国内外各种风险挑战的历史进程中始终成为全国人民的主心骨,在发展中国特色社会主义的历史进程中始终成为坚强的领导核心。

强大的政党是在自我革命中锻造出来的。中国共产党作为马克思主义政党,是在不断自我革命、自我批评中成长成熟的,一次次拿起手术刀革除自身的病症,一次次靠自己解决了自身问题,攻克了一个又一个看似不可攻克的难关。不断进行自我革命,同一切影响党的先进性、弱化党的纯洁性的问题做坚决斗争,实现自我净化、自我完善、自我革新、自我提高,这既是我们党长期以来形成的优良传统和成功经验,也是我们党区别于世界上其他政党最显著的标志。

党的十八大以来,以习近平同志为核心的党中央将全面从严治党纳入"四个全面"战略布局,牢牢把握加强党的执政能力建设和先进性建设这条主线,以党的政治建设为统领,以坚定理想信念宗旨为根基,把严的标准、严的措施贯穿管党治党全过程和各方面。我们党在刮骨疗毒中解决了自身在政治、思想、组织、作风、纪律等方面存在的一系列重大问题,在激浊扬清中彰显了无产阶级政党的政治本色,在革故鼎新中重塑了无产阶级政党的政治优势,练就了中国共产党人自我净化的"绝世武功",探索出一条长期执政条件下解决自身问题、跳出历史周期率的成功道路。

党的十八大以来，党风政风持续向好，社风民风悄然转变，党心军心民心高度凝聚。这些全面深刻、影响深远、鼓舞人心的变化充分表明，以习近平同志为核心的党中央作出全面从严治党的战略抉择是完全正确的，是深得党心军心民心的。全面从严治党的伟大实践试出了人心向背，厚植了党的执政根基，锻造出具有更加旺盛生命力和顽强战斗力的党，为党和国家各项事业发展提供了坚强政治保证，为党和国家事业发展积聚了强大正能量。

保持全面从严治党的战略定力

虽然全面从严治党已经取得历史性成就，但还远未到大功告成的时候。我们必须清醒认识到，党面临的长期执政考验、改革开放考验、市场经济考验、外部环境考验是长期的、复杂的，面临的精神懈怠危险、能力不足危险、脱离群众危险、消极腐败危险是尖锐的、严峻的，影响党的先进性、弱化党的纯洁性的因素是复杂的，党内存在的一些深层次问题并没有得到根本解决，一些老问题反弹回潮的因素依然存在，还出现了一些新情况新问题。党面临的风险挑战的长期性、复杂性、严峻性，决定了全面从严治党必须一以贯之、持之以恒，不能有差不多了该松口气、歇歇脚的想法，不能有打好一仗就一劳永逸的想法，不能有初见成效就见好就收的想法。

党和人民事业发展到什么阶段，全面从严治党就要跟进到什么阶段。新的征程上，全面建设社会主义现代化国家、实现中华民族

"五个必由之路"

伟大复兴,对我们党提出了前所未有的新挑战新要求。与国内外形势发展变化相比,与党所承担的历史任务相比,党的领导水平和执政水平,党组织建设状况和党员干部素质、能力、作风都还有不小差距。我们必须认识到,对我们这样一个拥有9500多万党员、在一个14亿多人口大国长期执政的党来说,要兴党强党,管党治党一刻也不能有丝毫松懈。如果管党不力、治党不严,人民群众反映强烈的党内突出问题得不到解决,那我们党迟早会失去执政资格,不可避免被历史淘汰。这绝不是危言耸听。历史使命越光荣,奋斗目标越宏伟,执政环境越复杂,我们就越要从严治党。我们党要实现崇高使命,永葆先进性和纯洁性,始终成为时代先锋、民族脊梁,就绝不能把全面从严治党当作权宜之计和一时之需,必须以彻底的自我革命精神,以永远在路上的执着,把全面从严治党这场伟大自我革命进行到底。

"其作始也简,其将毕也必巨。"世界上最可怕的敌人从来是自己。正如习近平总书记深刻指出的:"我们党作为世界第一大党,没有什么外力能够打倒我们,能够打倒我们的只有我们自己。"我们党要永葆生机活力,切实担负起新时代新征程的历史使命,始终成为马克思主义执政党,必须坚定政治方向,保持战略和政治定力,以"革命者必先自我革命"的坚定意志和决心,继续推进自我革命,坚持严字当头,把严的要求贯彻到管党治党全过程、落实到党的建设各方面,真正做到态度不能变、决心不能减、尺度不能松。我们必须始终牢记毛泽东同志提出的"我们决不当李自成"的深刻警示,牢记"两个务必",牢记"生于忧患,死于安乐"的古训,不断提高政治判断力、政治领悟力、政治执行力,着力解决好"其兴也勃焉,其亡也忽焉"的历史性课题,增强党要管党、全面从严治党的自觉。

以永远在路上的执着把全面从严治党引向深入

新的征程上,我们必须深化对全面从严治党规律的认识,重整行装再出发,以永远在路上的执着把全面从严治党引向深入,不断开创全面从严治党新局面。

全面从严治党,核心是加强党的领导,基础在全面,关键在严,要害在治。要坚持以习近平新时代中国特色社会主义思想为指导,增强"四个意识",坚定"四个自信",更加自觉地维护习近平总书记党中央的核心、全党的核心地位,维护党中央权威和集中统一领导,全面推进党的政治建设、思想建设、组织建设、作风建设、纪律建设,把制度建设贯穿其中,深入推进反腐败斗争,在坚持中深化、在深化中发展,营造风清气正的党内政治生态,不断增强党的创造力凝聚力战斗力,为全面建设社会主义现代化国家提供坚强保证。

全面贯彻新时代党的建设总要求,以党的政治建设为统领,坚持真管真严、敢管敢严、长管长严,把思想从严、管党从严、监督从严、执纪从严、治吏从严、作风从严、反腐从严等严的要求贯穿

"五个必由之路"

管党治党全过程，以自我革命的政治勇气着力解决党内存在的突出问题，做到管党有方、治党有力、建党有效，做到党和人民事业发展到什么阶段，从严管党治党就跟进到什么阶段。注重把继承传统和改革创新结合起来，把总结自身经验和借鉴世界其他政党经验结合起来，增强全面从严治党的系统性、预见性、创造性、实效性，使全面从严治党的一切努力都集中到增强党自我净化、自我完善、自我革新、自我提高能力上来，集中到提高党的领导能力和执政能力、保持和发展党的先进性和纯洁性上来。坚持对"关键少数"特别是高级干部提出更高更严的标准，进行更严的管理和监督，坚持以信念过硬、政治过硬、责任过硬、能力过硬、作风过硬的要求锤炼"关键少数"，教育引导各级领导干部带头讲党性、重品行、作表率、立正身、讲原则、守纪律、拒腐蚀，形成一级带一级、一级抓一级的示范效应。同时，坚持对广大党员提出普遍性要求，用严格教育、严明纪律管住大多数。

坚持权为民所赋，权为民所用，有权必有责、有责要担当，坚持真正把落实管党治党政治责任作为最根本的政治担当，紧紧咬住"责任"二字，抓住"问责"这个要害，推动管党治党责任全面覆盖、层层传导，真正做到面对大是大非敢于亮剑，面对矛盾敢于迎难而上，面对危机敢于挺身而出，面对失误敢于承担责任，面对歪风邪气敢于坚决斗争。各级领导干部要切实担负起管党治党政治责任，始终保持"赶考"的清醒，保持对"腐蚀""围猎"的警觉，把严的主基调长期坚持下去，以系统施治、标本兼治的理念正风肃纪反腐，跳出治乱兴衰的历史周期率，引领和保障中国特色社会主义巍巍巨轮行稳致远。

始终保持崇高的革命理想和旺盛的革命斗志，用好批评和自我批评这个锐利武器，坚持立足当前、直面问题，坚持思想建党和制度治党紧密结合，同向发力、同时发力，以党章为根本遵循，以解决突出问题为突破口和主抓手，以勇于自我革命精神打造和锤炼自己，以刀刃向内的自觉坚持真理、修正错误、克服缺点、刮骨疗毒、去腐生肌，不断增强党的创造力凝聚力战斗力，在革故鼎新、守正出新中实现自身跨越，不断给党和人民事业注入生机活力。

《光明日报》（2021年07月22日）

深刻认识全面从严治党的重大意义

戴焰军

全面从严治党,是党的十八大以来,以习近平同志为核心的党中央根据新的历史条件下党的建设面临的新情况和新问题,深刻总结历史上党通过自我革命保持先进性和纯洁性并领导各项事业胜利前进的宝贵经验,对管党治党做出的重大部署。它和全面建成小康社会(全面建设社会主义现代化国家)、全面依法治国、全面深化改革一起,构成了"四个全面"战略布局,在党的建设发展历史上、中国特色社会主义发展历史上具有重大意义。

全面从严治党传承和弘扬了党的建设宝贵历史经验

中国共产党是中国工人阶级先锋队,是中国人民和中华民族的先锋队。百年历史告诉我们,党的先进性和纯洁性,是党始终站在时代前列,始终和人民群众保持密切联系,能够经受住各种风浪考验的基本前提。正是因为具有先进性和纯洁性,中国共产党才能够在一百年的历史中不断发展壮大，不断走向成功。但是，保持先进性和纯洁性并不是一劳永逸的，中国共产党的先进性和纯洁性，是靠党根据环境和任务的变化，根据自身面临的新情况和新问题，不断清除自身存在的各种不健康因素，不断进行自我革命来实现的。毛泽东同志在民主革命时期就指出："房子是应该经常打扫的，不打扫就会积满了灰尘；脸是应该经常洗的，不洗也就会灰尘满面。我们同志的思想，我们党的工作，也会沾染灰尘的，也应该打扫和洗涤。"中国共产党在历史上一贯重视从严管党治党，重视加强党内的思想教育、组织管理和纪律、作风要求。通过一次次的整党整风，一次次的党内思想教育，不断解决党内存在的思想、组织、作风等方面的问题。这种严格要求和从严治理，保证了党的团结统一，保证了党在新民主主义革命时期、社会主义革命和建设时期始终保持整体上的先进性和纯洁性，始终立于不败之地，并形成和积累了丰富的管党治党经验。

进入改革开放新时期，由于党的活动环境和任务发生重大变化，党内思想、组织、作风等方面出现了一系列新情况和新问题。邓小平同志强调党内加强理想信念教育和纪律、作风建设的重要意义，特别强调制度建设的重要性。党的十三大强调，要"在党的建设上走出一条不搞政治运动，而靠改革和制度建设的新路子"，并明确提出必须从严治党。党的十四大把从严治党写进党章。以江泽民同志为核心的党的第三代中央领导集体在全党部署开展"三讲"教育，并根据改革开放和市场经济条件下党的建设面临的新情况，明确提出加强党的拒腐防变和应对风险能力的要求。以胡锦涛同志为总书记的党中央郑重告诫全党，我们党正面临着"四个考验""四个危险"，为有效应对这些考验和危险，在全党开展先进性教育，并把反腐败提到党的建设重要议程，党的十七大进一步完善了党的建设总体布局。

党的十八大以来，以习近平同志为核心的党中央总结党在历史上形成的宝贵经验，深刻分析党的建设中存在的现实问题及其产生根源，根据新时代党所面临的任务要求，明确提出全面从严治党，把管党治党推向了一个新的高度。从党的十八大以来全面从严治党推进的现实进程可以看出，全面从严治党既传承了中国共产党在历史上形成的管党治党的宝贵经验，又紧密结合党在新条件下自身建设和事业发展的新情况新特点，显示出鲜明的时代特征，是对中国共产党党的建设历史经验的创造性继承。正如习近平总书记所说，历史是最好的教科书。中国共产党一百年的辉煌历史，不仅在推进经济社会革命和发展的伟大活动中积累了弥足珍贵的丰富经验，而且在马克思主义政党自身建设方面创造了弥足珍贵的丰富经验。

全面从严治党为中国特色社会主义事业发展提供了坚强保证

我们党管党治党，始终是与实现党的目标、完成党的任务、落实党的根本宗旨内在地融为一体的。党的十八大以来，根据新时代中国特色社会主义事业发展的内在要求，党中央明确提出伟大斗争、伟大工程、伟大事业、伟大梦想"四个伟大"，其中伟大工程是起保证作用的。而全面从严治党，就是为了让这种保证作用得到更为充分的体现和发挥。

中国共产党的领导，是中国特色社会主义最本质的特征，是中国特色社会主义制度的最大优势。要使党的领导更加坚强有力，首先必须以自我革命精神解决好党内存在的各种问题。党的十八大以来，按照全面从严治党的总体要求，党中央明确提出"八项规定"，在全党开展群众路线教育活动，以"踏石留印、抓铁有痕"的劲头坚持不懈推进作风建设，党风的转变带动了整个社会风气的明显好转，为各项事业发展创造了更为有利的社会生态环境。在全党部署开展"三严三实"、"两学一做"、"不忘初心、牢记使命"主题教育和党史学习教育，进一步坚定全党的理想信念和使命担当，为提高干部队伍和党员队伍的整体素质打下了更加坚实的基础；不断完善各个领域党的基层组织建设相关制度，强化了党的基层组织建设，使党的基层组织在推进基层社会治理、发展经济、脱贫攻坚、维护社会和谐等方面发挥更加有力的战斗堡垒作用；特别是以零容忍的态度，大力推进反腐败斗争，有效遏制了腐败蔓延的势头，反腐败斗争取得压倒性胜利并全面巩固，大大振奋了党心、民心和军心，强化了中国特色社会主义事业发展的政治根基和群众基础。所有这一切，都为取得全面建成小康社会的成功和全面建成社会主义现代化强国、推进全面依法治国和全面深化改革提供了根本政治保证，为推进伟大事业的发展、伟大斗争的胜利、伟大梦想的逐步实现提供了根本政治保证。

中国特色社会主义事业发展的目标，是要建成社会主义现代化强国，实现中华民族伟大复兴。而这一目标的实现必须有中华儿女的大团结，必须有中华民族的强大凝聚力，这种大团结，这种凝聚力，其政治前提就是有一个坚强的领导核心。在新征程上，我们还将面临很多新困难、新挑战、新考验和新风险，要成功战胜这些困难挑战，有效应对这些考验风险，同样需要一个坚强有力的领导核心。办好中国的事，关键在党。只有通过不断推进全面从严治党，确保党始终成为中国特色社会主义事业的坚强领导核心，我们才能够顺利实现既定的目标。

全面从严治党是对马克思主义党建理论和实践的丰富发展

全面从严治党之所以能够取得卓著成效，就是因为从新时代党的建设现实要求出发，在实践中进行了开创性探索，在理论上提出了一系列新的思想观点，正确回答了新条件下党的建设所遇到的现实问题。

从严治党到全面从严治党的变化，就是把握党的建设内在规律所提出的管党治党新要求。在中共十八届中央纪委六次全会上，习近平总书记指出："全面从严治党，核心是加强党的领导，基础在全面，关键在严，要害在治。"这是对全面从严治党核心要义和内在逻辑的深刻阐述。加强党的领导，是我们各项事业取得成功的根本保证，是马克思主义建党学说的一贯要求，所以，全面从严治党要始终围绕这一核心来进行，这也是全面从严治党最根本的政治意义所在。基础在全面，体现了党的建设伟大工程的整体性。一是党的队伍和党的工作的整体性，所以治党要求全覆盖，只有把全面从严治党落实到每个局部、每个层级，才能保证整体成效。二是参与的整体性，也就是说，这个全面，不仅是对象的全面，也是参与主体的全面。全面从严治党强调党的自我革命，强调从内部解决问题，这就要求全党每个成员都要以主人翁的态度积极参与党的自我革命。实现党的自我革命，开展党内批评和自我批评是解决党内问题的重要途径，而批评和自我批评，没有全党的积极参与是很难实现解决党内问题的重要目标的。此外，实现全面从严治党各方面建设的具体目标，如党内监督、党员模范作用发挥、党的纪律执行等，也都要求党内全面参与。三是党的建设各个方面的整体性，党的政治、思想、组织、作风、纪律、制度等各方面建设和反腐败斗争，本身是一个整体，不可能离开其他方面而孤立地解决好一个方面的问题。必须把各个方面作为一个整体，多管齐下。所以，突出全面，成为党的十八大以来我们管党治党的一个总体要求。这是在总结党的建设历史和现实经验基础上，对马克思主义建党学说在理论和实践上的丰富和发展。

在习近平总书记关于全面从严治党的一系列重要论述中，我们从每个方面都能看到根据党的建设出现的新情况和新问题所提出的

"五个必由之路"

新论断和新要求。如，强调把党的政治建设摆在首位，并以党的政治建设统领整个党的建设；强调坚定理想信念是终身课题；提出新时代党的组织路线，明确从严治党关键是从严治吏，强调党的组织体系建设；强调领导干部要带头转变作风，提出要以"踏石留印、抓铁有痕"的劲头坚持不懈抓作风建设；强调必须把纪律挺在前面，在所有党的纪律和规矩中，第一位的是政治纪律和政治规矩；强调要扎紧制度的笼子，指出"加强党内法规制度建设是全面从严治党的长远之策、根本之策"；强调腐败是执政党面临的最大威胁，必须以零容忍的态度坚决推进反腐败斗争；等等。结合党的十八大以来全面从严治党在实践中不断推进的现实过程，我们就能更深刻地理解这些重要论述所具有的鲜明针对性和现实意义，理解这些重要论述在马克思主义建党学说发展中的意义。

全面从严治党深化了管党治党的政治内涵

习近平总书记强调，全面从严治党首先要从政治上看。这给我们指出了一个认识全面从严治党的更高站位和更广视角。中国共产党作为一个马克思主义执政党，首先是一个先进的政治组织，党的政治立场、政治方向、政治态度、政治原则是与党的性质密不可分、内在关联的。所以，全面从严治党从根本上来说，就是要通过解决党内各个方面存在的问题，来保证党在政治上的正确性。理解了这一点，就能够更好地理解党的十八大以来，推进全面从严治党始终着重强调党的政治建设，强调党的政治纪律和政治规矩的意义。当然，党的政治建设本身含义非常丰富。回顾这些年全面从严治党的发展进程，可以看出全面从严治党进一步深化了我们管党治党的政治内涵。

首先，从全面从严治党所要重点解决的问题来看，政治问题是对党危害最大的问题。如习近平总书记明确指出的"七个有之"，都是涉及党的团结统一、党的路线方针政策能否得到贯彻、广大人民群众利益能否得到维护的根本问题，同时，这些问题还是党内纪律、作风等问题产生的根源和解决的阻力，这些问题得不到有效解决，党就无法实现自己的目标。其次，从解决党内问题的途径来看，通过开展党内政治生活，强化党的政治纪律和政治规矩是主要途径。所以，党的十八届六中全会制定了新形势下党内政治生活若干准则，做出了党内政治生活一系列新规定，并不断强化党内政治生活在管党治党中的重要作用。最后，从管党治党所指向的直接目标来看，党的十八大以来党中央一再强调要营造良好的政治生态，提高各级领导干部的政治能力，从而增强"四个意识"、坚定"四个自信"、做到"两个维护"。突出管党治党的政治意义作为党的十八大以来全面从严治党的一个显著特征，反映了新时代党的建设的内在要求，而这一过程本身也进一步深化了管党治党的政治内涵。

《光明日报》（2021年10月13日）

以全面从严治党开启"赶考"新征程

史守林　张洪玮

习近平总书记在"七一"重要讲话中指出,"新的征程上,我们要牢记打铁必须自身硬的道理,增强全面从严治党永远在路上的政治自觉""确保党不变质、不变色、不变味,确保党在新时代坚持和发展中国特色社会主义的历史进程中始终成为坚强领导核心"。这一重要论述鲜明表达了我们党把全面从严治党进行到底的坚定决心。办好中国的事情,关键在党。党的自身建设关系重大、决定全局,只有坚定不移全面从严治党,才能永葆我们党的旺盛生命力和强大战斗力,为全面建成社会主义现代化强国、实现中华民族伟大复兴提供根本保证。

全面从严治党是实现第二个百年奋斗目标的根本保证

全面建成小康社会、实现第一个百年奋斗目标,是中国人民在党的坚强领导下取得的伟大成就。习近平总书记在"七一"重要讲话中庄严宣告："经过全党全国各族人民持续奋斗，我们实现了第一个百年奋斗目标，在中华大地上全面建成了小康社会，历史性地解决了绝对贫困问题。"全面建成小康社会这一伟大成就是我们迈向中华民族伟大复兴的关键一步，在中国共产党奋斗史、新中国发展史、中华民族文明史上都具有里程碑意义。新时代全面从严治党取得了历史性、开创性成就，产生了全方位、深层次影响。党的十八大以来，以习近平同志为核心的党中央坚持和加强党的全面领导，坚持党要管党、全面从严治党，统筹推进伟大斗争、伟大工程、伟大事业、伟大梦想，办成了许多过去想办而没有办成的大事，党和国家各项事业取得历史性成就、发生历史性变革，我国日益走近世界舞台中央，实现中华民族伟大复兴进入了不可逆转的历史进程。正是因为有了经过革命性锻造的中国共产党的坚强领导，才让我们离中华民族伟大复兴中国梦越来越近。

全面建成社会主义现代化强国、走好实现第二个百年奋斗目标新的赶考之路，指明了我们党新的历史方位和前进方向。习近平总书记在"七一"重要讲话中再提"赶考"："过去一百年，中国共产党向人民、向历史交出了一份优异的答卷。现在，中国共产党团结带领中国人民又踏上了实现第二个百年奋斗目标新的赶考之路。""赶考"是新中国成立前夕毛泽东同志提出的一个十分经典的比喻，在中国共产党百年华诞的历史性节点，这个比喻又增添了新的时代内涵。走好新的赶考之路，既体现了我们党实现新的伟大目标的意志决心，也发出了矢志奋斗的时代动员令。赶考路上，我们

"五个必由之路"

处在中华民族伟大复兴的战略全局和世界百年未有之大变局的历史交汇期，面临着许多可以预料和难以预料的风险挑战。我们面临的"考场"越来越大，时代"考题"也越来越艰巨复杂。赶考路上，能否始终保持谦虚谨慎、不骄不躁的优良作风，能否始终具有不断赶考、永远走在赶考路上的自我警醒，能否始终履行好新时代答卷人的历史责任，能否始终以更加昂扬的斗争精神、更加饱满的奋斗激情创造属于我们这一代人的历史辉煌，这些都给我们党的自身建设提出了新的更高要求。赶考路上，我们要在坚持和发展中国特色社会主义中交出新的答卷；要在统揽"四个伟大"中交出新的答卷；要在自我革命、保持健康肌体中交出新的答卷。党和人民事业发展到什么阶段，全面从严治党就要跟进到什么阶段。在全面建设社会主义现代化国家、向第二个百年奋斗目标进军的新发展阶段，必须深入贯彻全面从严治党方针，充分发挥全面从严治党引领保障作用，确保党中央重大决策部署贯彻落实到位，为全面建成社会主义现代化强国提供坚强保证。

"赶考"永远在路上、全面从严治党永远在路上。中国共产党立志于中华民族千秋伟业，百年恰是风华正茂！从我们党百年奋斗历程中，要看清楚过去我们为什么能够成功、弄明白未来我们怎样才能继续成功。党的领导地位和执政地位不是与生俱来的，也不是一劳永逸的。我们党面临的"赶考"远未结束，从严治党不可能一蹴而就。在新的征程上，作为百年大党，中国共产党如何永葆先进性和纯洁性、永葆青春活力，如何永远得到人民拥护和支持，如何实现长期执政，是我们必须回答好、解决好的一个根本性问题。越是长期执政，越不能丢掉马克思主义政党的本色，越不能忘记党的初心使命，越不能丧失自我革命精神。当前，我们面临的"四大考验""四种危险"仍然严峻复杂，管党治党任务艰巨繁重。这就决定了全面从严治党必须一以贯之、持之以恒，决不能有任何喘口气、歇歇脚的想法。作为百年大党，要始终得到人民拥护和支持，书写中华民族千秋伟业，必须坚决防范一切违背初心和使命、动摇党的根基的危险。只有坚持全面从严治党，以刀刃向内的勇气和决心，把党的自我革命不断推向深入，才能始终长盛不衰引领时代，带领人民不断从胜利走向新的胜利。

全面从严治党是面向新时代新征程党的一次革命性锻造

党的十八大以来，全面从严治党是以习近平同志为核心的党中央治国理政的鲜明特色。我们党把"四个全面"战略布局作为新的历史条件下治国理政的总方略，把全面从严治党纳入"四个全面"战略布局，一体部署推进。全面从严治党具有极其重要的地位和作用，为协调推进"四个全面"战略布局把握正确发展方向、确立科学发展目标、凝聚强大力量、提供坚强政治保证。

深刻把握新时代全面从严治党的理论内涵和基本要求。党的十八大以来，以习近平同志为核心的党中央围绕全面从严治党战略部署和管党治党方略作出一系列新探索，提出一系列新论断，进一

"五个必由之路"

步回答了新时代"为什么要全面从严治党、怎样全面从严治党"这个重大课题,在构建中国化的马克思主义党建理论体系上取得新进展,为新时代管党兴党、治国理政提供了思想武器和行动指南。习近平总书记关于全面从严治党的重要论述回应了实现"两个一百年"奋斗目标和中华民族伟大复兴中国梦的时代召唤,指明了坚持和发展中国特色社会主义的关键所在,阐释了治党与治国的内在统一关系,体现了强烈的政治担当、人民至上的价值取向和务实管用的实践逻辑。全面从严治党基础在全面,关键在严,要害在治,重点是抓住"关键少数"。认真落实党中央提出的党要管党首先要从党内政治生活管起,坚定理想信念、补足精神之钙,坚定维护党中央权威和集中统一领导,坚持把纪律挺在前面、严明政治纪律和政治规矩,从严治吏、培养选拔党和人民需要的好干部,落实全面从严治党主体责任等新部署新要求,坚持思想建党与制度治党紧密结合、严格自律与严肃他律双轮驱动、全面推进与突出重点相辅相成、系统集成、整体推进,不断开创全面从严治党新局面。

在不断深化管党治党规律认识中推动全面从严治党新实践。全面从严治党,是党的十八大以来党中央管党治党、治国理政的重大政治成就,坚持思想从严、管党从严、执纪从严、治吏从严、作风从严、反腐从严,守正创新、焕发出新面貌,把党建设得更加坚强有力;所积累的经验、所创新的方法,是我们党在新的历史起点上继续前行的宝贵财富。我们既要坚持发扬我们党历史上行之有效的好经验好做法,又要结合新的形势任务和实践要求加以创新,不断深化对管党治党规律的认识，创造新的经验。坚持全面从严治党与党治国理政实践同行同向，以全面从严治党引领提升国家治理效能，发挥政治优势，加强制度建设，统筹协调推进，把全面从严治党贯穿于提升国家治理效能全过程，推动实现国家治理体系和治理能力现代化。

在全面建设社会主义现代化国家新征程中推动全面从严治党向纵深发展

坚持和加强党的全面领导。中国共产党的领导是全面建成社会主义现代化强国、实现中华民族伟大复兴最重要最根本的制度保证、政治保证和特有优势。"十四五"规划和2035年远景目标，勾勒出了到2035年基本实现社会主义现代化的美好蓝图。必须始终坚持党的全面领导，不断提高把握新发展阶段、贯彻新发展理念、构建新发展格局、推动高质量发展的能力和水平，统筹办好发展和安全两件大事，战胜各种风险挑战，推动"中国号"巨轮劈波斩浪、行稳致远。

坚持把党的政治建设作为首要任务。党的政治建设是党的根本性建设。政治建设的首要任务是坚决维护习近平总书记党中央的核心、全党的核心地位，坚决维护党中央权威和集中统一领导，不断提高政治判断力、政治领悟力、政治执行力。坚持用习近平新时代中国特色社会主义思想武装头脑，以坚定的理想信念砥砺对党的赤诚忠心，做政治上的明白人、老实人。全面从严治党，关键要强化管党治党政治责任，全面贯彻落实新时代党的建设总要求和新时代党的组织路线，以政治建设统领党的各项建设，不断增强党的政治领导力、思想引领力、群众组织力、社会号召力。

深入推进新时代党的自我革命。勇于自我革命是中国共产党区别于其他政党的显著标志。习近平总书记指出："必须探索出一条党长期执政条件下实现自我革命的有效路径，这关乎党和国家事业成败，关乎我们能不能跳出历史周期率。"必须全面从严管党治党，严肃党内政治生活，发展积极健康的党内政治文化，全面净化党内政治生态，消除一切损害党的先进性和纯洁性的因素，清除一切侵蚀党的健康肌体的病毒，确保党始终走在时代前列，始终成为全国人民的主心骨，始终成为坚强领导核心。新时代党的自我革命任重而道远，既要施药动刀，又要固本培元，不断提高党自我净化、自我完善、自我革新、自我提高能力，永葆我们党的先进性和纯洁性。

始终坚持以人民为中心。为人民而生，因人民而兴，始终同人民在一起，为人民利益而奋斗，是我们党立党兴党强党的根本出发点和落脚点。我们党没有任何自己特殊的利益，从来不代表任何利益集团、任何权势团体、任何特权阶层的利益，始终代表最广大人民的根本利益。全面从严治党要敢于向一切损害党和人民利益的问题开刀，解决好影响人民根本利益的问题，始终保持党同人民群众的血肉联系。站稳人民立场，走好群众路线，尊重人民首创精神，发展全过程人民民主，维护社会公平正义，不断增强人民群众的获得感幸福感安全感。

大力弘扬伟大建党精神。坚持真理、坚守理想，践行初心、担当使命，不怕牺牲、英勇斗争，对党忠诚、不负人民的伟大建党精神，是中国共产党的精神之源。传承和弘扬伟大建党精神，发扬党的光荣传统、赓续红色血脉，用伟大建党精神滋养党性修养，以坚强党性取信于民、服务于民；在对标榜样中找准人生坐标，走出"小我"、成就"大我"，追寻崇高的精神境界；传承红色基因，将斗争精神融入干事创业全过程，奋力鼓起迈进新征程、奋进新时代的强大精神力量。

《光明日报》（2021年10月25日）

>> 拓展阅读

坚持全面从严治党，走好必由之路

李 鹃

办好中国的事情，关键在党、关键在全面从严治党。习近平总书记在参加十三届全国人大五次会议内蒙古代表团审议时强调，全面从严治党是党永葆生机活力、走好新的赶考之路的必由之路。新征程上，只要大力弘扬伟大建党精神，不忘初心使命，勇于自我革命，不断清除一切损害党的先进性和纯洁性的有害因素，不断清除一切侵蚀党的健康肌体的病原体，我们就一定能够确保党不变质、不变色、不变味。

勇于自我革命，从严管党治党，是我们党最鲜明的品格。百年风霜雪雨、百年大浪淘沙，我们党能够饱经磨难而生生不息、风华正茂，战胜一个又一个困难，取得一个又一个胜利，关键在于始终坚持党要管党、全面从严治党不放松，在推动伟大社会革命的同时进行伟大自我革命。面对各个历史时期的风险考验，我们党以刀刃向内的自我革命精神，坚决同一切弱化党的先进性、损害党的纯洁性的问题作斗争，祛病疗伤，激浊扬清，以自身的始终过硬，确保党始终成为时代先锋、民族脊梁、人民的主心骨，带领人民进行伟大社会革命、创造历史伟业。

全面从严治党是新时代党的自我革命的伟大实践，开辟了百年大党自我革命的新境界。党的十八大以来，以习近平同志为核心的党中央把全面从严治党纳入"四个全面"战略布局，把严的标准、严的措施贯穿管党治党全过程和各方面。从实施中央八项规定改进作风破题，旗帜鲜明正风肃纪反腐，把不敢腐不能腐不想腐方针方略落实到全面从严治党各方面，构建行之有效的党和国家监督体系，严格规范党内政治生活、着力营造风清气正的政治生态，以新时代党的创新理论武装全党、巩固全党团结统一，组织开展党的群众路线教育实践活动，建立不忘初心、牢记使命的制度，深化拓展党史学习教育……十年磨一剑。新时代全面从严治党取得历史性、开创性成就，产生全方位、深层次影响，形成一整套党自我净化、自我完善、自我革新、自我提高的制度体系，探索出一条长期执政条件下解决自身问题、跳出历史周期率的成功道路。

以党的自我革命引领伟大社会革命，全面从严治党为党和国家事业发展提供了强大政治引领和坚强政治保障。我们党团结带领人民进行革命、建设、改革的实践反复证明，什么时候我们党自身坚强有力，什么时候党和人民事业就能无往而不胜。进入新时代，我们党把全面从严治党贯穿于党的建设各方面，有力保证党进行具有许多新的历史特点的伟大斗争。决胜全面建成小康社会、决战脱贫

"五个必由之路"

攻坚、抗击百年不遇新冠肺炎疫情、顶住和反击外部极端打压遏制……党旗在大战大考中高高飘扬,党的政治优势、组织优势、制度优势充分转化成制胜优势。全党全国各族人民深切感受到,风雨袭来时,党的坚强领导、党中央的权威是最坚实的靠山。

增强全面从严治党永远在路上的政治自觉,以全党的强大正能量在全社会凝聚起推动中国发展进步的磅礴力量。实现第二个百年奋斗目标、全面建成社会主义现代化强国,更加壮阔的征程上有着更加艰巨的挑战,要求锻造更加坚强的领航力量。要清醒看到,虽然当前管党治党宽松软状况得到根本扭转,反腐败斗争取得压倒性胜利并全面巩固,但腐败和反腐败较量还在激烈进行,并呈现出一些新的阶段性特征,防范形形色色的利益集团成伙作势、"围猎"腐蚀还任重道远,有效应对腐败手段隐形变异、翻新升级还任重道远,彻底铲除腐败滋生土壤、实现海晏河清还任重道远,清理系统性腐败、化解风险隐患还任重道远。要保持清醒头脑,永远吹冲锋号,牢记反腐败永远在路上。只要存在腐败问题产生的土壤和条件,腐败现象就不会根除,我们的反腐败斗争也就不可能停歇。要不断以全面从严治党新成效强化党的先进纯洁、团结统一,为保持平稳健康的经济环境、国泰民安的社会环境、风清气正的政治环境提供坚强保障。

我们党作为百年大党,如何永葆先进性和纯洁性、永葆青春活力,如何永远得到人民拥护和支持,如何实现长期执政,是我们必须回答好、解决好的一个根本性问题。新征程上,自觉运用党的百年奋斗历史经验，以党的自我革命引领伟大社会革命，坚定不移推进全面从严治党，不断增强党的政治领导力、思想引领力、群众组织力、社会号召力，我们党就一定能永葆旺盛生命力和强大战斗力，团结带领人民战胜一切风险挑战，不断夺取新的伟大胜利。

《中国纪检监察报》（2022年03月15日）